U0654204

休闲研究专著系列

智慧旅游背景下的
适老化发展路径研究

张心怡 施蓓琦 著

上海交通大學出版社
SHANGHAI JIAO TONG UNIVERSITY PRESS

内容提要

随着老龄化社会加速发展,智慧旅游与老年人旅游体验的融合成为重要议题。本书系统分析智慧旅游的技术应用与适老化改造路径,探讨老年人旅游市场的需求与数字鸿沟挑战,并借鉴日本、韩国的政策与实践经验。本书以上海为例,提出政府、企业、社区协同推进的适老化智慧旅游发展策略,强调"智慧旅游＋康养/文化"的产业融合创新模式。

本书可作为旅游行业从业者、智慧科技企业及开发者、政策制定与公共管理者以及老年学研究者参考。

图书在版编目(CIP)数据

智慧旅游背景下的适老化发展路径研究 / 张心怡,
施蓓琦著. --上海:上海交通大学出版社,2025.7.
ISBN 978-7-313-32995-0

Ⅰ.F592.3-39

中国国家版本馆 CIP 数据核字第 2025A41S42 号

智慧旅游背景下的适老化发展路径研究
ZHIHUI LÜYOU BEIJINGXIA DE SHILAOHUA FAZHAN LUJING YANJIU

著　　者:张心怡　施蓓琦

出版发行:上海交通大学出版社　　　　　　　　地　　址:上海市番禺路 951 号
邮政编码:200030　　　　　　　　　　　　　　电　　话:021-64071208
印　　制:常熟市文化印刷有限公司　　　　　　经　　销:全国新华书店
开　　本:710 mm×1000 mm　1/16　　　　　　印　　张:8.25
字　　数:169 千字
版　　次:2025 年 7 月第 1 版　　　　　　　　印　　次:2025 年 7 月第 1 次印刷
书　　号:ISBN 978-7-313-32995-0
定　　价:78.00 元

版权所有　侵权必究
告读者:如发现本书有印装质量问题请与印刷厂质量科联系
联系电话:0512-52219025

前　言

　　人口老龄化是社会发展的重要趋势,也是我国的基本国情。预计到 2035 年左右,我国 60 岁及以上老年人口将突破 4 亿,占总人口的 30% 以上。党的二十大报告提出"实施积极应对人口老龄化国家战略",强调发展银发经济,开发适老产品,培育智慧养老等新业态。

　　在老龄化与信息化、数字化、智慧化交织的背景下,老年旅游需求增长,互联网在老年群体中普及,智慧旅游成为社会消费的重要增长点。智慧旅游基于新一代信息技术,旨在满足游客个性化需求,提供高品质服务,实现资源的共享与有效利用。老年智慧旅游不仅能促进老年群体身心健康,提升生活充实感和成就感,还能释放国内消费潜力,增进社会民生福祉。

　　从理论层面看,老年智慧旅游可从保障设施体系建设和产品服务适老化设计两方面推动适老化转型。然而,从实践来看,我国老年智慧旅游产业尚处起步阶段,面临诸多挑战。一方面,适老化程度不足,现有政策缺乏细致规划和具体实施细节,导致智慧旅游未能充分满足老年群体需求,政策落地效果欠佳。另一方面,服务过程中存在多元协同障碍,政府、企业和社区在资源整合、信息共享和服务联动方面协同不足,人文关怀和智慧包容不够完善,尚未形成针对老年群体的高效智慧旅游服务机制。学界研究多聚焦于老年旅游行为影响因素和智慧公共服务体系构建等微观层面,缺乏从宏观层面系统深入地剖析智慧旅游适老化转型路径。因此,本研究以积极老龄化理念为指导,采用深度访谈法、案例分析法等方法,探讨智慧旅游在老龄化社会中的发展路径,旨在为人口老龄化背景下智慧旅游适老化转型提供理念指引与实践策略。

本书旨在探讨智慧旅游背景下的适老化发展路径,并提出创新性的发展策略和建议。全书共分为八章,第一章介绍研究背景,阐述研究的意义和方法;第二章分析智慧旅游的定义、发展历程、关键技术与应用案例,以及国内外智慧旅游发展的现状;第三章探讨老年人旅游市场的特点、需求、面临的挑战及未来趋势;第四章讨论智慧旅游服务中的适老化问题及改进的核心诉求,并解读国内智慧旅游适老化建设案例;第五章借鉴日韩智慧旅游适老化经验,解读相关政策及案例;第六章提出上海市智慧旅游适老化的发展策略,包括现状分析、政策支持、多方协作及平台设计与优化;第七章探讨智慧旅游与多产业融合发展的创新模式,包括康养和文化旅游的融合;第八章总结研究成果,并对智慧旅游适老化平台建设提出建议。

在专著创作过程中,上海师范大学旅游管理专业研究生李婷婷同学在资料收集阶段,查阅大量文献,整理出大量详实资料,使得专著的理论基础更加坚实,研究视野更为开阔,内容也更为丰富和准确。在此,向她表示衷心的感谢!

目　录

第一章 研究概述

第一节 研究背景

近年来,我国正面临着严峻的人口老龄化问题,以上海市为例,截至 2024 年末,60 岁及以上人口已占总人口的 37.6%,其中 65 岁及以上人口的比例更是达到了 29.4%。这表明上海已经进入了"超级老龄化"阶段,老年群体的数量和比例逐年攀升。面对这一趋势,老年群体在社会经济生活中的重要性愈加突出,尤其在消费市场,老年人已经展现出强大的消费能力。老年人群体不仅拥有较为稳定的收入来源,而且由于他们退休后的时间相对充裕,对高质量生活的追求也变得越来越迫切。因此,旅游可以成为他们丰富生活、保持身心健康的重要途径之一。

随着老年人口数量的增加和消费能力的提升,老年旅游市场规模逐渐扩大。中国旅游研究院发布的《中国国内旅游发展年度报告(2022—2023)》显示,2021 年,45 岁以上中老年游客合计出游 11.94 亿次,占国内旅游客源市场的 36.81%。其中,45~64 岁的游客合计出游 9.02 亿次,占比 27.80%,成为旅游市场的第一大客源。与此同时,互联网技术的广泛应用,以及智能手机、平板电脑等智能移动终端的普及,为"银发经济"带来了新的消费空间。

然而随着智慧旅游的兴起,所带来的技术门槛的增加,老年人在旅游过程中面临的挑战也逐渐显现。这些问题不仅影响了老年人的旅游体验,也制约了他们的社会参与度和幸福感。这种"数字鸿沟"使得许多老年人在面对智能化的旅游平台和高科技应用时,往往感到困惑和无所适从,难以全面体验智慧旅游所带来的便利性和优越性。例如,某些老年游客在尝试使用智能手机进行景区门票预订时,由于界面过于复杂、操作步骤过于繁琐,不得不放弃出行计划。此外,部分智慧景区中广泛应用的自助服务设备、电子支付手段等,也使许多老年游客难以自主完成操作,严重影响了他们的旅游体验。这些操作上的不便不仅降低了老年人的旅游参与度,也使他们在享受智慧旅游服务时常常感受到压力和无助,导致整体满意度偏低。

为此,国家相继出台了一系列政策,以应对人口老龄化的挑战,并大力发展银发经济,提升老年人的生活质量和幸福感。例如,《"十四五"国家老龄事业发展和养老服务体系规划》提出要加强智慧养老服务,提升老年人对科技的应用能力,鼓励智慧旅游服务的适老化改造;《促进数字技术适老化高质量发展工作方案》则明确指出,推动智慧旅游线上服务平台适应老年人的出游习惯,努力缩小"数字鸿沟",提升老年人对数字化服务的体验。这些政策的出台标志着政府对老年服务从基本生活保障逐渐向提高生活质量和满足精神文化需求方面转变。在此背景下,智慧旅游适老化发展成为提升老年人社会参与度与生活幸福感的重要途径之一。国家的政策支持不仅在实践层面为智慧旅游适老化提供了政策依据,也在理论上为智慧旅游与老年服务的结合提供了发展方向。这些政策的指导,进一步推动了智慧旅游适老化在技术研发、产品设计以及服务体系方面的全面发展,致力于通过降低技术门槛,帮助老年群体更好地融入现代数字社会,从而实现"老有所乐、老有所为"的目标。

针对这些问题,智慧旅游的适老化发展显得尤为重要,其价值主要体现在老年人体验层面和社会经济层面。在老年人体验层面,智慧旅游适老化发展不仅可以弥合老年人与数字社会之间的鸿沟,还能显著提升老年人群体在旅游过程中的参与感与幸福感。具体来说,智慧旅游平台的适老化设计应注重老年人的实际需求和使用习惯,优化用户界面,采用简洁明了的布局、大字体显示、语音导航等方式,使老年人能够轻松上手。此外,智慧旅游平台可以通过整合医疗康养、文化娱乐等多种资源,为老年人提供更加丰富和多样化的旅游体验,从而满足他们在健康、文化、娱乐等方面的多重需求。同时,智慧旅游还可以通过智能化的辅助工具,如实时健康监测、紧急救助等功能,为老年人提供更安全的旅游保障。这种针对老年人需求的个性化设计,可以有效减少老年人在出行过程中可能面临的风险,提高他们的安全感,使他们能够更加放心地参与各种旅游活动。此外,智慧旅游平台能够帮助老年人建立旅游兴趣社区,让他们通过线上平台找到志趣相投的旅伴,一起组团出行,从而增加社交机会,丰富老年人的社交生活,缓解孤独感。这些功能与服务的有机结合,不仅为老年人提供了高品质的旅游体验,还显著提升了他们的生活幸福感。在社会经济层面,智慧旅游适老化的发展还能够为推动整体经济发展注入新的动力。老年群体作为旅游市场中的重要消费力量,其需求的满足直接关系到旅游市场的扩展与优化。因此,旅游企业应在智慧旅游适老化的趋势下,充分挖掘老年旅游市场的潜力,开发更多适合老年人需求的旅游产品和服务,打造老年友好型的旅游目的地,推动旅游消费升级,进而带动智慧旅游产业链的全面发展。例如,一些景区可以根据老年人的特点推出个性化的健康旅游项目、文化游学等,以满足老年人对知识获取、健康保障和社交活动的需求。这不仅能够有效提升老年旅游市场的活力,也对推动整体经济的高质量增长具有积极作用。

因此,智慧旅游适老化的研究与发展,不仅是应对我国人口老龄化挑战的必然之举,也是提升老年人生活质量与幸福感的重要手段之一。智慧旅游平台的适老化设计,通过降低技术门槛,提供个性化的旅游体验与安全保障,帮助老年人更好地融入现代数字社会,实现"老有所乐、老有所为"。同时,通过推动智慧旅游与医疗康养、文化娱乐等产业的融合发展,形成一个多元化、综合性的老年旅游服务体系,可以有效提高老年人在社会生活中的参与度与幸福感。本书《智慧旅游背景下的适老化发展路径研究》将以智慧旅游适老化为切入点,系统探讨智慧旅游在老龄化社会中的发展路径,分析其对老年人生活幸福感的提升作用,致力于为老年群体创造一个更加友好的旅游环境,为构建银发友好型社会贡献智慧与力量。

第二节　研　究　意　义

智慧旅游的发展为老年群体提供了新的旅游方式,但与此同时,老年人面临的"数字鸿沟"问题也显得尤为突出。在这种背景下,本书通过研究智慧旅游适老化服务的理论体系、消费行为与需求以及多领域的融合,旨在为智慧旅游适老化发展提供系统的理论框架和实践路径,助力提升老年人的生活幸福感。以下从理论和实践两个维度阐述本书的研究意义。

一、理论意义

1. 丰富智慧旅游与适老化服务理论体系

智慧旅游作为一种以数字化、智能化为特征的新兴旅游服务模式,其适老化服务的研究尚处于起步阶段。面对人口老龄化的挑战,智慧旅游与适老化服务的结合成为提升老年人旅游体验的关键所在。然而,现有的智慧旅游理论更多关注于年轻人群体的旅游需求与技术应用,对于老年群体的特殊需求研究相对不足。老年群体在生理、心理、社交等方面与其他年龄段存在显著差异,其旅游需求呈现出个性化、多样化的特点。因此,智慧旅游在适老化服务方面需要建立专门的理论体系，以更好地服务于老年群体。本书通过对智慧旅游适老化服务的深入研究，从理论上系统梳理智慧旅游与老年服务之间的融合路径，探讨如何有效利用智慧技术满足老年群体的特殊需求。通过理论与案例相结合的方式，分析智慧旅游平台在服务内容、服务模式以及技术应用方面的适老化转型路径，从而丰富智慧旅游与适老化服务的理论框架，为相关领域的学术研究提供系统的理论支持和创新思路。

2. 拓展老年旅游消费行为与需求理论

随着老年群体在社会中的比例不断增加，老年人已成为旅游市场的重要组成部分。然而，现有关于老年旅游消费行为的研究依然存在诸多空白，尤其是智慧旅游发展下的老年旅游消费特征缺乏深入的理论探讨。通过老年人在旅游消费中的行为模式、需求偏好与服务满意度研究，不仅对于理解老年人群体的消费特性具有重要价值，也为旅游企业制定针对老年群体的营销策略和产品设计提供理论依据。因此，通过对老年旅游消费行为的分析，可以进一步完善老年旅游消费理论，厘清影响老年人参与智慧旅游的关键因素，为智慧旅游服务的优化和创新提供科学指导。

3. 推动跨领域的理论融合研究

智慧旅游的适老化发展并不仅限于旅游领域，其涉及老年人生活的方方面面，包括医疗康养、文化娱乐、体育健身等多重领域的协同作用。这些领域虽然在服务内容上有所不同，但从老年人群体的需求出发，存在显著的协同效应。本书从跨领域融合的视角，研究智慧旅游与其他相关产业的协同发展路径，推动智慧旅游、医疗康养、文化娱乐等不同学科的理论交叉与整合，形成对老年人需求的全面理解。通过智慧旅游与医疗康养、文化娱乐等相关领域的深度融合，可以更好地满足老年人在健康、精神、文化等方面的多样化需求。例如，智慧旅游平台与健康管理系统的结合，能够为老年人提供实时健康监测与旅行安全保障；与文化资源的结合，则可以提供更多符合老年人兴趣的文化旅游活动。因此，跨领域的理论融合研究不仅有助于智慧旅游理论体系的完善，也为不同领域如何通过协同合作来提升老年人的生活质量提供了新的理论视角。

二、实践意义

理论上的研究需要通过实践的检验与应用来发挥其实际价值。因此，在理论研究的基础上，本书也从实践层面探讨了智慧旅游适老化服务的具体实施路径与效果评估。

1. 缩小老年群体的"数字鸿沟"

数字化和智能化技术在现代旅游中的广泛应用,为游客带来了便捷与丰富的体验,但同时也对老年群体形成了"数字鸿沟",使他们难以全面参与到智慧旅游的服务中来。本书通过分析老年人在使用智慧旅游平台中的困难,提出了一系列有效的应对策略,旨在帮助老年人更好地融入数字社会。例如,通过人工智能技术、虚拟现实体验和情景化学习机制,有效弥合这一鸿沟。基于人工智能的虚拟导游助手和情感交互机器人,能够在旅途中为老年人提供个性化的服务支持。此外,沉浸式虚拟旅游为行动不便或对新环境感到陌生的老年人提供了全新的体验方式。借助虚拟现实技术,老年人足不出户便可"游览"世界,通过多感官模拟体验旅行的乐趣。同时,还可以建立情景化学习机制通过趣味化、互动化的教学方式,帮助老年人掌握智慧旅游平台的基本操作技能。通过这些策略,智慧旅游不仅为老年人提供了更加人性化的服务体验,也为建设更加包容的数字社会奠定了基础。

2. 提升老年旅游消费市场活力

老年群体作为旅游市场中的重要消费力量,其旅游消费的需求和偏好直接影响旅游市场的活力与增长潜力。本书通过对老年人智慧旅游消费行为与需求的深入分析,为旅游企业提供开发适合老年人需求的智慧旅游产品的实践指导,致力于激发老年旅游市场的潜力。研究发现,老年人群体在旅游消费中更加注重舒适性、安全性以及健康养生等方面的需求。因此,旅游企业应在产品设计中融入更多的适老化元素(如:提供更人性化的服务设施、推出以健康养生为主题的旅游线路等)。这些针对老年群体的旅游产品与服务设计,不仅可以有效满足老年游客的需求,提升老年旅游消费的市场活力,还能带动智慧旅游产业链的全面发展,推动旅游经济的高质量增长。

3. 推动智慧旅游适老化政策的制定与实施

智慧旅游的适老化发展离不开政策的支持和引导。本书通过系统性研究,为政策制定者提供了关于智慧旅游适老化发展的具体实践依据和参考建议。通过对智慧旅游适老化改造的探索,本书为政府相关部门制定智慧旅游适老化政策提供了理论与实践支撑,助力完善相关标准和规范。通过政策引导与支持,构建智慧旅游适老化服务体系,形成多部门协作、多元主体共同参与的发展格局,有助于推动政策措施的实施更加具有针对性和可操作性。智慧旅游适老化政策的实施,能够确保老年人在旅游消费中的权益得到保障,提升他们在旅游市场中的地位与参与度,从而进一步推动银发经济的发展。

4. 推动智慧旅游与康养体育等多产业的深度融合

智慧旅游的适老化发展应与康养、体育等其他相关产业紧密结合,形成一个全面服务老年人的生态体系。本书通过对智慧旅游与老年文化、康养、体育等相关产业的融合发展路径进行系统性研究,探索这些领域如何通过协同作用来提升老年群体的整体生活质量。通过智慧旅游与康养产业的融合,可以为老年人提供健康旅游与实时健康管理服务,例如在旅行过程中为老年人提供健康监测、紧急救助等功能,以保障他们的出行安全。同时,智慧旅游与文化娱乐、体育活动的结合,可以丰富老年人的旅游内容,增强他们的精神愉悦感和社交互动性,从而有效提升老年人群体的生活幸福感。

综上所述,本书在理论上丰富了智慧旅游与适老化服务的理论体系,拓展了老年旅游消费行为与需求理论,并推动了跨领域的理论融合;在实践上,通过缩小老年人的"数字鸿沟",提升老年旅游市场的活力,推动智慧旅游适老化政策的实施,以及促进智慧旅游与康养、体育等多产业的深度融合,形成一个多元化的老年旅游服务体系,有效提升了老年人的生活幸福感。本书的研究成果,不仅为智慧旅游适老化的发展提供了科学的理论支持,也为实践中如何提升老年人生活质量与幸福感提供了可行的路径和指导,为构建银发友好型社会作出了积极贡献。

第三节　研　究　方　法

本书采用多种研究方法,以确保研究的科学性和系统性。这些方法包括文本分析法、深度访谈法、实地考察法、案例分析法以及专家咨询法。文本分析法为研究奠定了坚实的理论基础,深度访谈法为研究提供了丰富的第一手数据,实地考察法与案例分析法为理论与实践的结合提供了现实支持,案例分析法则帮助揭示了智慧旅游适老化中的关键问题,专家咨询法确保了研究成果的科学性与可行性。这些方法相辅相成,共同为本书提供了全面的研究视角与可靠的数据支撑。通过多种研究方法的应用,本研究不仅揭示了老年人在智慧旅游中的核心需求与体验障碍,也提出了针对性的改进措施,旨在为智慧旅游适老化的发展提供理论指导和实践参考,助力提升老年人的生活幸福感,推动社会的整体进步与发展。

一、文本分析法

文本分析法是本书的重要研究方法之一。通过系统收集与智慧旅游、适老化服务、数字鸿沟、老年旅游行为及产业融合等相关领域的国内外高质量文献,为研究提供坚实的理论基础和文献支撑。具体来说,本研究广泛搜集了学术论文、研究报告、政策法规、标准规范等文献资料,归纳整理智慧旅游适老化的理论基础、发展现状与趋势。

通过文本分析,本书对智慧旅游与老年服务的理论进行系统性梳理与分析,以理解智慧旅游在老龄化社会中的服务模式和创新应用。首先,对智慧旅游的核心概念进行了详尽的阐述,分析其在提升老年群体生活质量方面的潜力。其次,对适老化服务的理论框架进行梳理,明确了老年群体在生理、心理和社会需求上的特点。文本分析法为本研究奠定了理论框架,帮助识别智慧旅游适老化发展中存在的核心问题和关键因素,为后续的实地研究、深度访谈提供了理论支持和方向指引。

二、深度访谈法

为了进一步理解老年人对智慧旅游的真实感受与面临的困难,本研究对老年游客采用了深度访谈法,通过与老年游客的一对一访谈,深入了解他们在使用智慧旅游服务时的实际感受、遇到的障碍以及对现有服务的改进建议。

这些访谈为本研究提供了第一手的质性数据,帮助更好地理解智慧旅游适老化的现实情况,为理论研究与实际建议的结合提供了丰富的内容。

三、实地考察法

为深入了解智慧旅游在实际应用中的适老化发展现状,本研究还采用了实地考察法,对上海市内的典型智慧旅游景区、智慧旅游服务平台及相关旅游企业进行了实地考察。通过实地观察并记录智慧旅游设施、信息呈现、导览系统和应急求救等适老化服务的实际情况,评估老年游客的实际使用体验,识别服务中的短板与不足之处。

在考察过程中,研究团队重点关注智慧旅游设施是否符合老年人的使用习惯,如导览设备是否便于操作,信息是否易于理解,应急系统是否能够满足老年人的特殊需求等。同时,通过与景区工作人员的交流,了解他们在服务老年游客时遇到的困难与建议。实地考察法为本研究提供了来自一线的真实数据,帮助发现适老化服务中存在的问题,为后续提出针对性的改进措施提供了重要的数据支持。

四、案例分析法

为了从国内外的智慧旅游实践中汲取经验,本研究采用了案例分析法,选择了具有代表性的智慧旅游适老化服务案例进行深入研究。这些案例包括智慧旅游与养老、医疗康养、文化、体育等产业融合的实践案例,旨在提炼其适老化服务的创新做法、成功经验和关键要素。

案例分析法的应用帮助本研究从全球范围内挖掘智慧旅游适老化的最佳实践,提炼出适用于老年群体的创新服务方式。例如,某些国家和地区在智慧旅游平台中结合了实时健康监测和紧急救援功能,为老年游客的安全提供了有效保障;另一些案例则通过文化活动与社区旅游相结合,增强了老年游客的社交参与感。通过对这些案例的深入分析,本研究将成功经验与上海市的实际情况相结合,提出了适合本地发展的智慧旅游适老化服务模式,为相关政策的制定与实施提供了实践参考。

五、专家咨询法

在研究过程中,邀请智慧旅游、适老化服务、数字鸿沟等领域的专家,针对研究内容、研究方法、数据分析结果及提出的建议进行咨询与评审。专家的意见和建议在研究中起到了重要的指导作用,尤其在理论框架的构建、数据分析结果的解读以及对策措施的可行性评估方面。

通过专家咨询法,本研究得以不断优化研究思路和对策措施,使研究结果更具科学性和可操作性。例如,专家在评审过程中指出了智慧旅游适老化在实际应用中的关键痛点,并提供了关于如何改进老年人数字技能培训的具体建议。这些反馈帮助本研究在理论研究与实践应用之间建立了更紧密的联系,确保提出的建议能够切实有效地解决老年人在智慧旅游中的需求与问题。

第二章 智慧旅游概述

第一节 智慧旅游的定义与发展历程

一、智慧旅游的定义

"智慧旅游"是继"智慧地球"和"智慧城市"提出后逐渐演化而来的一个新概念。智慧旅游,也被称为智能旅游,是利用云计算、物联网、大数据、移动互联网等现代信息技术,实现旅游信息的智能感知、处理和应用,从而提高旅游管理效率、优化旅游服务体验、增强旅游竞争力的一种新兴旅游模式。智慧旅游主要依赖于物联网、云计算、下一代通信网络、高性能信息处理、智能数据挖掘等新型技术手段。这些技术为智慧旅游提供了强大的数据处理和信息服务能力,使得旅游资源和旅游信息能够得到系统化整合和深度开发应用。

智慧旅游为旅游者提供全方位的旅游服务和体验感受的过程,旨在提升旅游者在旅游全过程中的主动性、自主性、智能性和交互性,进而实现旅游服务的智能化、智慧化,促进旅游业态向综合性、融合性、生态性转型升级,是旅游市场需求与现代信息技术驱动旅游服务创新发展的新动力和新趋势。因此,智慧旅游不仅仅是技术手段的堆叠,它的核心在于通过这些技术实现旅游服务的创新与提升。智慧旅游的服务模式具有显著的"以人为本"特征,它不仅关注游客在整个旅游过程中信息获取的便利性,还致力于提供更加自主、个性化和智能化的旅游体验。

1. 全方位信息服务与智能感知

智慧旅游为游客提供了从出发前、旅行中到旅行后的全程信息服务。出发前,游客可以通过智慧旅游平台获取景区信息、气候预测、交通状况等全面的信息资源,帮助他们做出合理的出行规划。在旅行过程中,智慧旅游通过智能设备和传感器,随时随地为游客提供路线导航、景区解说、餐饮推荐等服务,帮助游客更好地享受旅途。而在旅行结束后,智慧旅游还为游客提供后续的反馈、评价及个性化推荐服务,使得整个旅游体验得以延续和优化。

2. 自主性与互动性增强

与传统旅游相比,智慧旅游大大增强了游客的自主性和互动性。传统旅游往往是被动式的,游客在目的地依于导游或纸质资料获取信息,服务较为单一。而在智慧旅游的背景下,游客可以通过移动设备或智能终端,实时获取最新的旅游信息,并根据自身需求做出灵活调整。游客可以自行选择路线,调整行程安排,甚至参与景区互动式的文化体验项目,使得旅行变得更加灵活和个性化。

3. 个性化定制与精准服务

大数据和人工智能技术的应用使得智慧旅游能够实现高度的个性化服务。通过分析游客的历史行为数据和偏好,智慧旅游系统可以为不同的游客提供个性化的旅行方案。例如,针对喜欢文化体验的游客,系统可以推荐文化遗产类景点及相关活动;而对喜欢自然风光的游客,系统则会推荐自然风景区及户外活动。这种个性化定制不仅提高了游客的满意度,也提升了旅游资源的利用率。

4. 智能导览与实时互动

智慧旅游中的智能导览功能让游客在景区中可以通过手机或其他智能设备获取到即时的景点信息、路线导航及多媒体解说。这种方式替代了传统的人工导游和标志性指示牌,极大地增强了信息传递的效率和丰富性。游客还可以通过语音识别、图像识别等技术与智慧导览系统进行实时互动,获取更深层次的旅游体验。

5. 安全与环境监控

智慧旅游中的物联网技术不仅用于提供服务,还能够实时监控景区内的安全情况和环境状态。通过传感器和监控设备,景区管理方可以实时了解游客的流量分布、潜在危险区域及环境变化情况,进而做出快速响应和处理,确保游客的安全及景区的可持续管理。这不仅提高了旅游体验的安全性,也有助于景区的生态保护和可持续发展。

智慧旅游的出现不仅仅改变了游客的旅行体验,也对整个旅游产业链产生了深远的影响。首先,它促进了旅游资源的优化整合和深度开发。通过智慧化平台,原本分散、难以共享的旅游资源得以系统化整合,实现了旅游产品的多元化发展。无论是文化旅游、生态旅游,还是工业旅游、乡村旅游,都能够通过智慧旅游平台得到更好的推广和运营。其次,智慧旅游推动了旅游业的管理升级。传统旅游管理模式往往依赖人工操作,效率低下。而在智慧旅游的背景下,旅游管理部门可以借助大数据分析和智能调度系统,实时监控景区的运行状态,做出快速而准确的决策。旅游管理的智慧化提升了管理效率,降低了运营成本,同时提高了旅游目的地的服务质量和游客满意度。此外,智慧旅游还推动了旅游企业的创新发展。随着智慧旅游的普及,越来越多的旅游企业开始依托智能技术开发创新型旅游产品和服务。这不仅包括旅游 App 的开发、智能设备的应用,还涵盖了全新的旅游商业模式,如共享经济、虚拟现实(VR)旅游等。这些创新举措为旅游企业开辟了新的利润增长点,促进了旅游业的可持续发展。

二、智慧旅游的发展历程

表 2-1　智慧旅游发展阶段

发 展 阶 段	时 间 段
萌芽与初步探索阶段	20 世纪 90 年代至 21 世纪初
快速发展与广泛应用阶段	21 世纪初至 2010 年代
成熟与深化发展阶段	2010 年代至今

1. 萌芽与初步探索阶段

20 世纪 90 年代,随着互联网的普及,电子商务在旅游行业逐步应用,旅游信息化建设初见端倪。此阶段是旅游信息化阶段,是智慧旅游发展的起点和基石,以旅游信息为核心,以信息网络为基础,以信息技术为主导对传统旅游产业在生产、分配和消费等方面进行资源整合,提高旅游服务水平和效率,增加旅游业整体效益。这一阶段主要包括旅游企业信息化、旅游电子商务、旅游电子政务、旅游营销网络、旅游服务信息化等表现形式。一些旅游企业开始尝试利用互联网进行旅游信息的发布和在线预订服务。移动互联网和智能手机的兴起,使得旅游行业信息化进一步深化。各类旅游网站和 App 相继出现,为游客提供了更加便捷的旅游信息获取和预订服务。

2. 快速发展与广泛应用阶段

进入 21 世纪后,随着移动互联网技术的快速发展,智慧旅游开始进入快速发展阶段。旅游企业和景区管理者开始利用物联网、大数据等技术手段,提升旅游资源的管理水平和游客服务质量。此阶段作为旅游信息化的第一次飞跃,是以智能化系统为技术基础,即针对某一特定问题时可以由计算机、通信技术、网络技术以及智能控制技术汇集形成的智能化解决方案进行。在这个阶段,中国旅游信息化建设也取得了显著进展。从专业化阶段逐步发展到数字旅游和数字景区阶段,实现了分布式的数据集成管理功能,并建立了一定的数据共享和服务机制。旅游智能化主要解决旅游产业中各要素结构和关系问题,有利于资源有效配置和系统高效运行。

3. 成熟与深化发展阶段

随着移动互联网的普及和智能手机的广泛应用,智慧旅游进入了成熟与深化发展阶段。在这个阶段,物联网、大数据、云计算和人工智能技术在旅游行业得到了广泛应用。此阶段来到了旅游智慧化同时也是旅游信息化的第二次飞跃,也是智能旅游在目前科技水平约束条件下的最新形式。旅游信息化在推进和发展过程中,产业内各部门条块分割形成了大量信息壁垒和信息孤岛,游客获取的信息是孤立、零散和片面的,亟须从根本上打破各网络平台和信息系统之间的割裂甚至是对立的关系,建立新型的信息沟通渠道和服务机制。这就需要以游客需求为中心,综合利用互联网和物联网技术,以传感互联、大数据、云计算、虚拟现实和人工智能等为手段,实现旅游信息流快速汇集、双向交流和个性呈现,通过智能信息实现旅游企业的反向定制和供给要素的智能汇集,为旅游者提供个性化、整体化解决方案,提升游客服务体验,促进旅游业持续发展。

第二节　智慧旅游的关键技术与应用案例

一、物联网技术

物联网(Internet of Things,简称 IoT)是指通过各种信息传感器、射频识别技术、全球定位系统、红外感应器、激光扫描器等装置与技术,实时采集需要监控、连接、互动的物体或过程,采集其声、光、热、电、力学、化学、生物、位置等各种需要的信息,通过各类可能的网络接入,实现物与物、物与人的泛在连接,实现对物品和过程的智能化感知、识别和管理。物联网是一个基于互联网、传统电信网等信息承载体,让所有能够被独立寻找的普通物理对象形成互联互通的网络。

物联网的工作原理基于设备之间的互联互通,并通过感知、传输、处理和应用等关键环节实现全面的数据集成和智能化应用。具体来说,物联网的工作流程包括以下几个主要环节:感知层:通过传感器、标签等设备采集各种物理信息和环境数据。这些设备能够感知温度、湿度、光线、压力、位置等各种参数,并将采集到的数据转化为可读取的电信号或数字信号。传输层:通过各种传输介质和网络协议实现设备之间的数据传输与通信。这包括有线传输（如以太网、电力线通信等）和无线传输（如 Wi‐Fi、蓝牙、Zigbee、LoRa 等）。传输层的功能是将感知层采集的数据通过网络传输到云平台或其他设备。云平台：物联网的核心，承担数据存储和处理的重要任务。云平台能够接收、存储和管理传输层传输过来的大量数据。同时，云平台还能对数据进行分析、挖掘和处理，提取有用的信息和知识。这些数据可以用于实时监测、预测分析、智能决策和优化控制等应用。应用层：物联网的最上层，直接面向用户和各类应用场景。在应用层，物联网可以通过各种应用程序和服务，实现多样化的功能和应用需求，例如智能家居、智能交通、智慧医疗、智能制造等。

二、物联网的关键技术

物联网技术涉及多种关键技术，这些技术相互支持和协同作用，共同构建了物联网的基础设施和应用生态系统。

1. 射频识别技术

射频识别技术（Radio Frequency Identification，简称 RFID），是一种非接触的自动识别技术，其基本原理是利用射频信号和空间耦合（电感或电磁耦合）传输特性，实现识读器与标签间的数据传输。RFID 技术通过无线射频方式进行非接触双向数据通信，利用无线射频方式对记录媒体（电子标签或射频卡）进行读写，从而达到识别目标和数据交换的目的。一套完整的 RFID 系统由阅读器（Reader）、电子标签（Tag）和数据管理系统三部分组成。其中，阅读器发射一特定频率的无线电波能量，用以驱动电路将内部的数据送出，此时阅读器便依序接收解读数据，送给应用程序做相应的处理。而电子标签则负责接收来自阅读器的信号，并把所要求的数据送回给阅读器。

2. 传感器技术

传感器是物联网的核心组成部分，用于感知和测量环境参数。传感器是一种检测装置，能感受到被测量的信息，并将感受到的信息，按一定规律变换成为电信号或其他所需形式的信息输出，以满足信息的传输、处理、存储、显示、记录和控制等要求。传感器能够感知环境中的物理量，如温度、湿度、光照、压力、位移等，并将其转化为可读取的数字信号，为物联网提供数据来源。传感器是物联网连接实体世界与数字世界的重要桥梁，在物联网中发挥着至关重要的作用。

3. 云计算

在物联网中，设备会产生大量的数据，这些数据需要在云端进行处理和分析。云计算提供了强大的计算和存储能力,使得物联网应用能够高效地处理、存储和分析这些数据,从而为用户提供有价值的洞察和决策支持。云计算为物联网设备提供了高度可扩展和安全的连接性。通过云计算,物联网设备能够实时地与云端进行数据交换和通信,实现全球范围内的连接和通信。云计算与人工智能(AI)和机器学习技术的结合,为物联网设备提供了智能化的能力。物联网设备能够自主学习和适应环境变化,实现更加智能化的应用。云计算的一个核心理念就是通过不断提高"云"的处理能力,不断减少用户终端的处理负担,最终使其简化成一个单纯的输入输出设备,并能按需享受"云"强大的计算处理能力。物联网感知层获取大量数据信息,在经过网络层传输以后,放到一个标准平台上,再利用高性能的云计算对其进行处理,赋予这些数据智能,并最终转换成对终端用户有用的信息。

4. M2M 系统框架

M2M(Machine-to-Machine/Man)是一种以机器终端智能交互为核心的、网络化的应用与服务。M2M 代表了机器对机器、人对机器、机器对人、移动网络对机器之间的连接与通信。它涵盖了所有实现在人、机器、系统之间建立通信连接的技术和手段。M2M 技术通过在机器内部嵌入无线通信模块,以无线通信等为接入手段,为客户提供综合的信息化解决方案,以满足客户对监控、指挥调度、数据采集和测量等方面的信息化需求。M2M 将使对象实现智能化的控制。M2M 技术涉及机器、M2M 硬件、通信网络、中间件和应用五个技术部分。基于云计算平台和智能网络,可以依据传感器网络获取的数据进行决策,从而改变对象的行为,或进行控制和反馈。

5. 嵌入式技术

嵌入式技术是将计算机硬件和软件集成到特定对象中,使其具有智能化、自动化处理能力的技术。嵌入式技术是以应用为中心,以计算机技术为基础的系统技术。它强调计算机不为表现自己,而是辅助它所在的宿主设备,使宿主设备的功能智能化、网络化。嵌入式系统通常指嵌入在宿主设备中的微处理机系统,由嵌入式处理器和嵌入式软件等组成,软硬件可以剪裁,适用于系统对功能、可靠性、成本、体积、功耗有严格要求的专用计算机系统。嵌入式系统在物联网中扮演着重要角色,如智能家居中的控制器、智能设备中的微处理器等。

三、物联网在智慧旅游中的应用案例

物联网技术在智慧旅游中的应用案例广泛且多样化,从智能导游、智慧交通、智能安全到酒店管理等多个方面为旅游行业带来了更多的便利和智能化体验。

1. 智能导游系统

借助物联网技术，智能导游系统可以通过接入互联网和各类传感器，实现自动语音导游、实时信息推送等功能。游客只需佩戴智能设备，通过语音指令或手势控制，就能获取所需信息和导航服务。物联网技术的应用使导游活动更加个性化和人性化。智能语音导游系统导游器就是利用物联网技术的典型案例。导游器采用射频识别技术和单片机技术，实体由语音导游和射频电子标签组成。根据系统探测范围大小和特殊环境的需要，景区工作人员在每个景点或者关键游览区放置射频电子标签，游客一旦进入射频区域范围、随身携带的导游器会自动识别该景点的信号，并通过地址码识别出游客所处位置的区域，然后导游器根据区域识别的结果自动完成解说内容的切换功能。同时，这种系统能够根据游客的兴趣和需求，提供个性化的旅游推荐和行程安排，使旅游更加智能化和便捷化。

2. 智慧交通系统

物联网技术在智慧交通系统中的应用，极大地提升了交通资源的动态调配和管理效率。以景区周边的智能停车场为例，通过安装传感器实时监测停车位的使用状态，系统能够准确掌握每个停车位的占用情况。这些信息通过智能系统实时更新，并通过各种渠道，如移动应用、电子显示屏或在线服务，向游客提供最新的空闲停车位信息。此外，游客还可以通过这些智能平台进行停车位的在线预约，确保到达时能有位置停车。系统甚至可以提供导航服务，引导游客快速准确地到达预约的停车位，从而减少寻找停车位的时间，缓解景区周边的交通压力，提高整体交通流畅度。这种智能化的管理不仅提升了游客的停车体验，还优化了交通资源的使用效率，是物联网技术在智慧城市建设中的一个典型应用案例。

3. 智能安全监控系统

在现行的安全监控体系中，存在监控盲区及人力资源短缺的问题。借助物联网技术，通过部署具备智能功能的安全监控摄像头及传感器，可实现对景区安全状况的实时监控。在发生紧急事件或识别到潜在安全风险时，系统将即刻启动警报机制，并将警报信息及相关数据实时传输至相关人员的移动通信设备。

4. 酒店管理系统

在酒店管理领域，物联网技术的运用让酒店得以构建一个智能感知客人需求、自动调节居住环境的智慧房间管理系统,进而提高酒店的整体服务水平。智慧房间的"智慧"特质在于能够为客人提供与其居住习惯高度契合的旅居环境,从客人入住的那一刻起,直至整个服务过程,都实现了全面的自动化和智能化,确保客人体验到真正的便捷与舒适。

第三节　国内外智慧旅游发展的现状

一、国内发展现状

随着信息技术的飞速发展和旅游业的持续繁荣,智慧旅游已成为推动旅游业转型升级的重要力量。近年来,智慧旅游市场规模持续扩大,保持着稳健的增长态势。这主要得益于旅游业的快速发展以及消费者对个性化、智能化旅游体验的需求增加。政府也在大力推动智慧旅游的发展,出台了一系列政策,为行业提供了有力支持。智慧旅游产业链所涉及的环节复杂、行业众多,大大超出了传统旅游行业的范畴。从结构来看,智慧旅游产业链主要包括感知基础层、通信网络层、平台服务层、服务载体层以及服务对象层五大层面。这些层面相互协作,共同推动了智慧旅游的发展。

我国智慧旅游的发展始于 2000 年中后期,其中一些早期比较典型的案例为智慧旅游的发展奠定了坚实基础。2008 年,除了北京 12301 旅游服务热线的正式开通,为游客提供信息咨询和质量投诉等服务外,九寨沟景区也开始探索智慧旅游的发展道路,通过引入先进的信息技术,实现了景区管理的智能化和游客服务的便捷化。在"十二五"规划期间,作为我国新时代发展的重要支柱,旅游信息化建设获得了显著的推进。各地旅游部门积极采纳智能技术,提升了旅游目的地的科技感和游客体验。2010 年,杭州市西湖风景名胜区开始推进智慧旅游建设,通过建设智慧旅游服务平台,为游客提供全方位的旅游信息服务。同年,故宫博物院也开始了智慧化建设的探索,通过数字化手段保护和展示文物,提升游客的参观体验。这些案例都展示了我国在智慧旅游领域的积极探索和创新。2011 年,南京市作为我国智慧旅游的试点城市,率先提出了实施城市智慧旅游的构想,并制定了为期三年的规划。同时,乌镇智慧旅游建设也较早地实现全景区 Wi‑Fi 360°全镇无死角覆盖,且支付宝等电子支付方式在景区内得到广泛应用。乌镇提供了智能停车服务,游客可以通过电子屏设备查看车位空余状况,并根据光感应装置点亮的路线停泊。此外,乌镇还安装了反向寻车等系列装置,方便游客快速寻车。随着互联网技术的日益完善和广泛普及,响应国家提出的"智慧旅游"战略,景区的在线平台如雨后春笋般涌现。各类景区 App 和公众号通过提供门票预订、在线导游、个性化定制等服务,迅速崛起,推动了智慧旅游电商的蓬勃发展。

我国智慧旅游产业已进入快速发展阶段。中商产业研究院发布的《2025—2030 年中国智慧旅游业市场现状及前景调查报告》显示,2023 年中国智慧旅游经济市场规模达到 10 382 亿元,近五年年均复合增长率达 24.44%。中商产业研究院分析师预测,2024 年中国智慧旅游经济市场规模将达到 12 500 亿元,2025 年市场规模将达到 14 555 亿元。全球智慧化、一体化的发展趋势给整个旅游业带来了前所未有的机遇,旅游产业经营管理模式的优化升级势在必行,通过现代化的技术手段和服务理念,重新定位旅游业的发展,扩展其发展渠道和市场规模就在眼前,智慧旅游的发展模式已成为我国旅游业发展的新趋势。

二、国外发展现状

1. 美洲地区

美国是最早提出智慧旅游概念的国家之一。最初,美国是以提升游客的科技体验为核心,将当时的高科技产品融入旅游产业。2005 年,斯丁波雪场从安全角度出发,安装了进行游客定位的装置反馈系统,开启了整个北美智慧旅游的新纪元。在该过程中,美国在整个智慧旅游中不断引入先进的科学技术,特别是在智能交通、智能票务等方面成果显著。2006 年,美国宾夕法尼亚州州波科诺山脉的度假区引入了 RFID 手腕带系统,标志着智慧旅游的初步实践。同时,美国是全球旅行应用下载量和收入的重要市场之一。根据移动应用数据分析公司 SensorTower 的数据,美国市场为全球旅行应用下载量和收入贡献了显著份额,显示出美国智慧旅游市场的强劲需求和发展潜力。近年来,随着技术的不断进步和消费者对个性化、智能化旅游体验的需求增加,美国智慧旅游市场规模持续增长。大型互联网公司凭借其强大的技术实力和用户基础,占据了智慧旅游市场的主导地位。同时,传统旅游企业也在通过数字化转型和创新业务模式来寻求市场突破。美国政府在推动智慧旅游发展方面也发挥了积极作用。政府出台了一系列政策来支持智慧旅游技术的研发和应用,并鼓励旅游企业进行数字化转型。这些政策为智慧旅游的发展提供了有力的保障和推动。

2. 欧洲地区

欧盟早在 2001 年就开始实施"创建用户友好的个性化移动旅游服务"项

目,致力于推动智慧旅游的发展。在智慧城市建设的进程中,欧盟通过整合各国资源,不仅大力发展基础设施,还积极创建应用示范项目。其目标是构建一个健康、规范且高效统一的市场环境,同时兼顾市场运作的自然规律,并尊重用户在旅游方面的个性化需求。目前,欧洲各国已经大力构建基于互联网技术的远距离信息处理平台,在全欧洲初步实现了基于交通数据的无线通信网络,并将其有效应用在智慧旅游中,取得了一定的效果。同时,在政府的资助下,欧盟各国的商业公司合作开发了一系列跨界智能旅游应用系统。这些系统在利用全球定位系统框架的同时,借助物联网技术、传感器技术、计算机技术等,成功地将一些具有重大历史价值的古迹复原至其全盛时期的样貌,从而全面提升了旅游体验的智能化水平。目前,欧洲地区在智慧旅游基础设施建设方面取得了显著成果。各国纷纷加强通信网络、智能摄像头、传感器等硬件设施的部署,为智慧旅游提供了强大的技术支持。这些基础设施的完善,使得旅游信息的实时更新和共享成为可能,为游客提供了更加便捷、高效的旅游体验。

3. 亚太地区

亚太地区在智慧旅游方面的发展十分迅速,尤其是韩国、日本和新加坡等国家。韩国早在 2011 年就公布了"智慧首尔 2015"总体规划,体现了其大力开展智慧城市建设的决心。这些政策为智慧旅游的发展提供了有力的保障。韩国在智慧旅游技术应用方面取得了显著成果。以首尔为例,其建设的首尔市官方旅游信息服务平台(visitseoul.net)能够满足游客旅游路线规划、热门景点查询,以及交通、住宿、餐饮、购物、文化休闲等旅游全过程需求。此外,韩国还广泛应用了 AR/VR 技术、大数据分析等技术,为游客提供更加个性化、智能化的旅游体验。日本在智慧旅游技术创新方面同样处于领先地位。例如,日本推出了满足个性化需求的可私人定制的日本之旅,为游客提供了更加便捷、个性化的旅游服务。同时,日本还广泛应用了物联网技术、大数据分析等技术,为游客提供更加智能化的旅游体验。日本政府也出台了一系列政策扶持智慧旅游的发展,比如推出多项旅游优惠政策和活动,以吸引更多游客前往日本旅游。这些政策不仅促进了日本旅游业的发展,也为智慧旅游的创新和应用提供了有力支持。新加坡在智慧旅游的数字化建设方面取得了显著成果。新加坡旅游局积极拥抱微信、小红书等中国游客喜爱的社交平台,并通过直播等方式进一步提升数字化能力,以更好地满足中国游客的需求。同时,新加坡还与银联国际、携程集团等签署了战略合作协议,为中国游客提供更多便利与针对性优惠。新加坡智慧旅游还注重服务的优化。例如,在支付方面,新加坡提供了多种支付方式,包括支付宝、微信支付等,为中国游客提供了更加便捷的支付体验。此外,新加坡还推出了多种旅游产品和服务,如"Made in Singapore 就在新加坡"全新品牌主题等,以满足不同游客的需求。

第三章　老年人旅游市场的现状与挑战

第一节　老年人旅游市场的特点与需求分析

随着全球老龄化进程的不断推进,老年旅游市场的需求不断扩大,且老年人旅游的行为模式和偏好具有独特性。通过本次访谈,进一步揭示了老年人旅游的主要特点,包括他们在旅游目的地选择、旅行方式、健康与安全需求以及个性化旅游服务上的具体需求。调查结果表明,老年人在旅游中不仅注重舒适性和安全性,还高度关注医疗保障、文化体验以及个性化的旅游服务。

一、老年人的旅游偏好与行为模式

在旅游目的地选择上,老年人倾向于选择那些气候温和、自然环境优美、文化底蕴深厚的地方。这些目的地通常包括风景优美的自然景区、历史悠久的文化遗产以及康养度假区等。例如,中国国内的杭州、西安、桂林等城市,由于其独特的自然和文化资源,成为老年游客的热门选择。这些地方不仅景色宜人,还提供了丰富的文化体验和历史积淀,能够满足老年人对精神层面和文化认同的需求。此外,老年人在国际旅游中也偏爱一些医疗设施完善、环境安全的国家和地区,如瑞士和日本。这些地方不仅以其先进的医疗水平而闻名,还因其宜人的气候和舒适的生活环境吸引了大量老年游客。

在出游方式的选择上,老年人的旅游方式与行为特点同样具有其特殊性。由于身体机能的逐渐下降,老年人往往更加倾向于选择跟团游,而非完全自助游。跟团旅游不仅可以提供全方位的旅游服务,减少老年人自己安排行程的困扰,还能在旅途中享受导游的专业讲解和安全保障。此外,跟团游能够提供更多的社交机会,满足老年人对集体活动和社交互动的需求。但近年来,随着互联网技术的普及和老年人数字素养的提升,越来越多的老年人也开始通过旅游平台自行预订行程,选择自助游或半自助游的方式。老年人通过智能手机或计算机查询旅游信息、预订酒店和机票等,显示出他们逐渐适应现代技术的趋势。

在旅游频率和时长方面,老年人的旅游习惯较为灵活。由于老年人时间相对宽裕,他们可以根据自己的身体状况、经济条件以及气候变化灵活安排旅游计划。大多数老年人在每年进行 1 至 2 次长途旅行的同时,也会选择多次短途旅游来放松身心。尤其是在退休后的前几年,老年人的旅游热情较高,他们希望通过旅游丰富自己的退休生活,体验不同的风景和文化。而在旅游时长上,老年人通常偏爱长时间的旅行,尤其是那些健康状况较好的老年人,常常选择 7 天以上的长线旅游。相较于年轻人,老年人更愿意花费更多时间在一个地方深入体验,避免过于匆忙的行程安排带来的疲劳。

二、老年人旅游中的健康与安全的需要

随着年龄的增长,老年人的身体机能逐渐下降,许多老年人患有慢性疾病,如高血压、心脏病、糖尿病等,这使得他们在旅游过程中面临着比年轻人更大的健康风险。因此,对于老年人而言,健康与安全是影响他们旅游决策的核心因素。老年人在选择旅游目的地和旅行方式时,往往首先考虑到目的地的医疗保障水平和紧急救助服务的可及性。老年人在旅游中对健康保障的需求主要体现在三个方面:健康旅游项目、医疗设施的完善程度以及人身和财产安全的保障。

健康旅游逐渐成为老年人旅游市场的重要组成部分。温泉疗养、森林康养、海滨度假等健康旅游项目,因其能够帮助老年人缓解慢性疾病的症状,提供身心放松的环境,受到了越来越多老年游客的青睐。例如,日本的温泉度假区因其丰富的矿物质水资源和先进的健康管理服务,吸引了大量的老年游客前往疗养。

医疗设施的完善程度也是老年人在选择旅游目的地时的重要考量因素。许多老年游客在出行前,会详细了解目的地的医疗条件,确保自己能够在旅行中获得必要的医疗服务。尤其是在出国旅游时,老年人更加关注旅行保险的购买和医疗服务的可及性。一些旅游目的地,如瑞士和德国,因其发达的医疗体系和便捷的紧急救援服务,成为老年人出国旅游的首选目的地。此外,旅游服务提供商在组织老年人出游时,也应充分考虑到旅途中可能出现的健康问题,提供必要的医疗协助和保障。例如,提供常备的应急医疗设备、急救药品以及专业的导游陪同等服务,都是保障老年人旅游安全的必要措施。

老年人在旅游中的安全需求也不容忽视。安全需求主要体现在人身安全和财产安全两个方面。首先,在人身安全方面,老年人的身体较为脆弱,容易在旅行中发生摔倒、碰伤等意外。因此,旅游目的地的基础设施建设和适老化设计直

接影响了老年人的旅游体验。例如,在景区设置无障碍通道、提供适合老年人的休息设施、配备专业的安全保障人员,都是为老年人提供安全旅游体验的重要措施。此外,旅游服务提供商应加强对老年游客的安全教育,尤其是在出国旅游时,防范可能存在的安全风险,如交通安全、自然灾害等。其次,财产安全也是老年人关注的重点。近年来,老年人在旅游过程中因诈骗、误导性消费等问题造成财产损失的案例时有发生。

因此,旅游服务商在为老年游客提供服务时,应当确保信息的透明度,避免隐藏费用或强制消费,提供安全、透明的消费环境。同时,老年人应在出行前购买旅游保险,以防范旅途中可能遇到的财产损失或意外事故。在应对老年人健康与安全需求的过程中,旅游保险作为保障老年游客利益的重要手段,扮演了关键角色。旅游保险不仅能够为老年人提供医疗保障,还可以在财产损失、行程取消等方面提供赔偿,降低老年人在旅游过程中遇到的风险。目前,针对老年人设计的旅游保险产品越来越多,这些产品不仅涵盖了传统的意外险和医疗险,还根据老年人的特殊需求设计了专属保障内容,如慢性病突发、境外医疗服务等。

三、老年人对旅游服务的个性化需求

老年人作为旅游市场中的重要消费群体,他们在旅游中的个性化需求也逐渐受到重视。相较于年轻游客,老年人更加关注饮食、住宿、交通等方面的舒适度,同时也期待在旅游过程中能够获得深度的文化体验和情感上的满足。因此,旅游服务提供商在设计老年人旅游产品时,必须充分考虑到老年人群体的特殊需求,提供更加个性化的服务。

饮食需求是老年人在旅游过程中最为关注的方面之一。随着年龄的增长,老年人的消化功能逐渐下降,他们对饮食的要求更加细致,偏爱清淡、营养均衡的饮食。此外,许多老年人患有慢性疾病,如糖尿病、高血压等,他们的饮食受到严格的控制,因此在旅游中的餐饮服务应考虑这些健康因素。旅游服务提供商可以为老年游客提供定制化的餐饮服务,例如为糖尿病患者提供低糖食品,为高血压患者提供低盐餐点等。此外,老年人虽然在饮食上注重健康,但他们在旅游中也希望能够体验到当地的特色美食。因此,如何在保证饮食健康的前提下,满足老年人对当地美食的好奇心,也是旅游服务提供商需要考虑的问题。

在住宿和交通方面,老年人更加关注舒适性和便利性。首先,老年人在选择酒店时,更加注重酒店的地理位置和无障碍设施的配备。靠近市中心或景区的酒店可以减少老年人在旅途中的奔波,同时,配备无障碍设施的酒店也能为行动

不便的老年游客提供更多便利。例如,酒店内的无障碍电梯、无障碍浴室等设施,都是老年游客选择酒店时的重要考量因素。此外,酒店的服务质量也是老年人关心的重点,他们希望能够获得更加贴心的服务,如房间清洁、24 小时的医疗服务等。

在交通方面,老年游客倾向于选择舒适、安全的交通工具。高铁、飞机等交通工具因其快捷、舒适而受到老年人的欢迎。同时,老年人在旅游中更加注重交通的便捷性,他们希望能够减少旅途中的等待时间,避免频繁的中转。此外,老年人更倾向于选择有导游陪同的旅行方式,确保在旅途中能够得到必要的帮助和指导。旅游服务提供商可以为老年游客提供专门的接送服务,减少他们在旅游中的不便。

在文化体验方面,老年人也有着强烈的需求。他们不仅希望通过旅游放松身心,还希望能够深入了解旅游目的地的历史文化。老年游客往往对博物馆、历史遗迹、传统手工艺等文化体验项目表现出浓厚的兴趣,他们希望通过这些项目丰富自己的知识,提升文化素养。因此,旅游服务提供商在设计老年人旅游产品时,应加入更多的文化体验项目,如参观历史遗迹、参与当地的文化活动等。此外,老年人还偏爱一些轻松愉快的娱乐活动,如温泉疗养、音乐会、手工艺品制作等,这些活动不仅能够丰富老年人的旅游体验,还能提升他们的旅游幸福感。

第二节　数字鸿沟对老年人旅游带来的挑战

一、数字鸿沟的定义与老年群体面临的现状

数字鸿沟,最早由美国学者在 20 世纪 90 年代提出,指的是因信息技术的普及和使用不均衡,导致不同人群、不同地区之间在信息获取和信息使用方面存在显著差距的现象。这一概念最初主要用来描述社会不同经济群体或地理区域之间的差距,但随着信息技术的飞速发展,数字鸿沟的影响逐渐扩展到各类人群和行业。对于老年人而言,数字鸿沟指的是他们在面对迅速变化的信息技术时,因技术水平、认知能力、经济条件等方面的制约,导致他们无法像年轻人一样高效便捷地使用这些技术。这一现象在旅游领域表现得尤为突出,特别是在智慧旅游兴起的背景下,数字鸿沟成为影响老年人享受现代旅游服务的重要障碍。老年人在适应快速变化的数字化环境中面临着特殊的挑战,这种挑战被称为"老年数字鸿沟"。在智慧旅游平台的发展背景下,数字鸿沟已成为影响老年人参与现

代化旅游体验的重要障碍之一。根据2023年的研究数据,约有60%的中国老年人未能熟练掌握智能设备的使用,尤其是对于旅游平台的操作。这些老年人面对复杂的在线预订、电子支付、地图导航等功能,往往感到力不从心。其中,老年人最为普遍的障碍是智能手机或平板电脑的操作难度较大,包括触屏反应迟缓、界面复杂、字体过小等问题,这些都影响了他们参与智慧旅游的意愿和能力。

老年群体的数字鸿沟不仅体现在技术能力的缺乏,还涉及他们对信息技术的排斥心理。许多老年人因害怕犯错或担心个人信息泄露,选择拒绝学习和使用智能设备,进一步加剧了他们与现代社会的脱节。这种排斥心理背后有文化和社会背景的深层次原因。老年人在成长过程中未经历过数字化浪潮,对信息技术的认知和适应能力较弱,他们更倾向于传统的社交方式和生活习惯。尤其是对于生活在农村或边远地区的老年人,由于他们获取数字化设备的途径有限,家庭成员也较少具备帮助老年人学习使用技术的能力,使得这类人群的数字鸿沟现象更为显著。

这类老年人数字鸿沟的现状不仅影响了他们的旅游参与,还对其生活质量和社会融合带来了消极影响。在智慧旅游平台上,老年人往往无法像年轻人一样灵活运用各种功能,错失了大量在线优惠和及时的旅游信息,导致他们的旅游决策质量下降。数字鸿沟的存在加剧了社会不平等,使得老年人在信息化社会中的地位愈发边缘化。智慧旅游平台如果不能有效解决老年人的数字鸿沟问题,将难以实现全面普惠的旅游服务。

二、智慧旅游平台使用中的技术与信息障碍

技术创新为大众旅游体验带来了极大的便利,但老年人在使用这些平台时却面临着多重技术和信息障碍。首先,老年人群体在操作智能设备时,往往面临较大的技术难题。对于许多老年人而言,智能手机、平板电脑的触摸操作、语音控制和应用软件的使用难度较大,这种技术障碍使他们无法顺利完成在线旅游服务的预订。智慧旅游平台的界面通常设计复杂,功能繁多,不仅需要用户具备一定的科技素养,还要求较高的反应速度,而这些对于年纪较大的老年人来说是挑战。许多老年人在尝试使用智慧旅游平台时,由于不熟悉系统操作,常常误操作或在关键环节卡住,最终选择放弃使用。

此外,智能设备的硬件和软件更新频繁,老年人的设备往往难以跟上新技术的发展。旅游平台通常需要较新的设备和稳定的网络环境来确保良好的使用体验,而老年人所拥有的设备性能可能较低,软件系统过时,无法支持最新版本的

应用程序,从而导致操作缓慢甚至无法使用。同时,网络连接的稳定性也成为影响老年人旅游体验的关键因素。智慧旅游平台的实时更新和高效运转要求用户保持良好的网络连接,但老年人并不总是具备快速的网络资源,尤其是在偏远地区和农村,网络不稳定的情况更为常见。

除了技术障碍,老年人还面临着信息获取和处理上的困难。智慧旅游平台提供的大量信息对老年人来说过于复杂和庞大,难以在短时间内消化和理解。例如,平台上的旅游套餐、优惠活动、旅行指南等内容不仅需要用户快速决策,还要求他们能够准确解读条款和隐藏费用。由于老年人在信息处理能力上较弱,他们常常因为无法理解信息而错失优惠,或在选择旅游产品时做出不当决策。此外,信息的来源和渠道也成为老年人面临的另一大挑战。老年人更倾向于依赖传统的媒体获取旅游信息,而对于互联网和社交媒体上频繁更新的信息,他们常常感到无从下手。信息障碍还体现在信息的筛选和辨别能力上。智慧旅游平台上的许多信息以广告和推荐的形式呈现,对于信息甄别能力较弱的老年人来说,他们容易被误导或产生误解,进而影响旅游决策的正确性。

三、隐私、安全顾虑与不均衡的旅游体验

老年人对隐私和安全问题的顾虑也是他们使用智慧旅游平台时面临的一个重要障碍。与年轻人相比,老年人对数字安全问题的敏感度更高,尤其是在网络支付、个人信息保护等方面,他们往往感到缺乏安全感。这种顾虑源于老年人对网络世界的陌生和不信任。许多老年人在使用智慧旅游平台时,担心自己的个人信息会被泄露或遭受网络诈骗,因此他们常常对在线支付、身份验证等步骤感到恐惧,甚至完全拒绝在线交易。

研究表明,老年人更倾向于线下支付,认为现金交易更加安全可靠,而网络支付由于其虚拟性和复杂性,常常使老年人产生不安感。一些老年人可能会通过子女或亲友代为完成在线支付,或依赖线下旅行社进行预订,而这也增加了他们的旅游成本和时间成本。此外,智慧旅游平台的隐私政策往往冗长复杂,老年人很难全面理解这些条款,从而对平台的隐私保护机制产生怀疑。

隐私和安全问题不仅影响老年人的旅游决策,也制约了他们在智慧旅游平台上的消费行为。为了提升老年群体的信任感,智慧旅游平台需要简化支付流程,明确信息安全保障措施,并在平台界面上增加对隐私保护的明确提示。例如,通过简单直观的支付确认、明确的隐私声明和易操作的安全防护机制,平台可以帮助老年人逐步建立对网络交易的信心,减少他们在使用过程中的心理

负担。

由于数字鸿沟、技术障碍和隐私顾虑的存在,老年人在使用智慧旅游平台时,无法获得与年轻人相同的旅游体验。智慧旅游平台为年轻用户提供了个性化的服务、便捷的支付方式以及丰富的互动功能,但老年人因不熟悉操作或缺乏必要的技术支持,往往只能获得基础的服务,甚至完全无法享受这些便利。这种旅游体验上的不均衡不仅影响了老年人的出行满意度,还在一定程度上加剧了社会的数字不平等。

第三节　老年人旅游市场的未来趋势与潜在机会

一、老龄化社会带来的市场机遇

老年人群体正迅速成为世界各地的重要消费群体。到 2050 年,全球 60 岁及以上人口预计将达到 21 亿,占全球人口的 22%。这一庞大的老年人群体的不断增长,将给全球经济,特别是旅游行业,带来巨大的市场机遇。老年人群体在退休后,时间相对充裕,经济状况也趋于稳定。不同于年轻人,老年人拥有长期积累的储蓄和稳定的退休收入来源,这为他们在旅游市场上的消费奠定了坚实的基础。与其他群体相比,老年人有更强烈的愿望利用闲暇时间丰富生活体验,这促使旅游需求持续上升。

随着老年人旅游需求的增加,旅游市场的细分化将变得尤为重要。老年人群体的需求各不相同,旅游产品的设计也需因地制宜,满足不同老年人的需求。例如,针对喜欢户外活动的老年人,可以提供以自然风景为主题的生态旅游产品;而对于那些更倾向于休闲和享受的老年人,则可以设计康养旅游和高品质的休闲度假项目。此外,老年人对文化旅游的兴趣也在逐渐上升,许多老年人希望通过旅游深入了解不同地区的历史和文化,享受更为丰富的精神生活。

在旅游服务的供应方面,智慧旅游平台的兴起为老年人提供了新的旅游方式。通过智能技术,旅游服务提供商可以为老年人提供个性化的旅游服务,如通过大数据分析,了解老年人的旅游偏好,推荐合适的旅游线路和产品。此外,智慧旅游平台还可以为老年人提供更为便捷的预订和支付服务,使得他们在享受旅游的同时,也能获得更加便捷的体验。未来,老龄化社会的到来将进一步推动老年人旅游市场的发展,旅游服务供应商可以通过提升服务质量、创新旅游产品,抓住这一市场机遇,实现可持续发展。

二、健康与养生旅游的兴起

健康问题越来越受到老年人群体的重视,尤其是随着年龄的增长,老年人对健康的需求变得尤为迫切。在这一背景下,健康与养生旅游逐渐成为老年人旅游市场中最具潜力的细分领域之一。健康旅游不仅关注旅游体验本身,更强调通过旅游改善身体和心理健康状态。这一趋势为旅游行业提供了一个新的增长点。

健康与养生旅游,指的是通过旅游活动达到健康改善、身心放松、疾病预防等目的的旅游形式。不同于传统的观光旅游,健康旅游以提供健康服务为核心内容,如医疗保健、温泉疗养、健身活动等。近年来,随着全球健康意识的提升,健康旅游的市场需求逐步扩大,尤其是在老年人群体中,健康与养生旅游的受欢迎程度持续上升。

老年人对健康旅游的需求主要体现在两个方面:一方面,他们希望通过旅游缓解身体上的不适,如腰酸背痛、关节炎等;另一方面,旅游还能够帮助他们减轻心理上的压力,提高生活质量。因此,健康与养生旅游不仅能够为老年人带来身体上的益处,还能通过身心的全面放松,提升他们的幸福感。在全球范围内,许多国家已经将健康与养生旅游作为发展旅游业的重要方向。以欧洲为例,瑞士、德国等国家凭借其发达的医疗保健体系和天然的温泉资源,吸引了大量寻求健康疗养的游客。日本的温泉疗养也因其独特的养生效果和良好的服务,成为老年人群体的热门选择。这些国家不仅在医疗设备和服务方面处于领先地位,还通过将自然环境与健康旅游相结合,提供了优质的健康养生体验。

健康与养生旅游对老年人的吸引力主要体现在以下三个方面:第一,健康旅游能够为老年人提供专业的医疗服务和保健项目。随着年龄的增长,老年人往往面临着多种健康问题,如高血压、心脏病、糖尿病等。在健康旅游中,老年人可以通过专业的医疗护理、健康评估和康复治疗,缓解身体上的病痛,提高生活质量。例如,一些高端的健康旅游目的地提供包括体检、按摩、针灸等项目的综合保健服务,使老年人能够在旅游的同时获得全面的健康管理。第二,健康旅游注重身心的全面放松。老年人不仅需要身体上的治疗,还需要通过旅游活动来放松心情、减轻压力。健康旅游通过温泉、森林浴、冥想等活动,帮助老年人在自然环境中释放压力,恢复心理上的平衡。这种身心结合的养生方式不仅提高了老年人的健康水平,还提升了他们的旅游满意度。第三,健康旅游能够满足老年人对社交和文化体验的需求。许多健康旅游项目不仅提供医疗服务,还通过各种健康活动和文化体验,帮助老年人拓宽社交圈,增强与他人的互动。例如,在一些健康旅游度假村,老年游客可以参加集体瑜伽课程、养生讲座等活动,与其他游客分享养生经验,增强社交联系。

随着老龄化社会的加剧和老年人健康需求的增加,健康与养生旅游在未来具有广阔的发展前景。旅游行业可以通过与医疗机构合作,推出更多针对老年人的健康旅游产品,如定制化的健康评估和治疗计划、健康咨询服务等。同时,旅游企业还可以利用大数据技术,分析老年游客的健康状况和需求,提供更加个性化的旅游服务。此外,随着健康与养生旅游的兴起,健康旅游目的地的竞争也日益激烈。旅游企业需要在服务质量、医疗设备、环境体验等方面不断创新,才能在市场中占据有利地位。例如,利用自然资源开发特色养生项目、提升医疗服务水平、打造一站式健康旅游体验等,都是吸引老年游客的重要手段。未来,健康与养生旅游的市场前景非常广阔。随着科技的进步,旅游企业可以利用大数据和人工智能技术为老年人提供个性化的健康管理方案。例如,通过对老年人的健康状况和兴趣爱好的分析,设计更加符合其需求的康养旅游线路和服务。此外,健康旅游还可以与智慧旅游平台相结合,为老年人提供更加便捷的预订和服务渠道。通过将健康服务与旅游体验深度融合,健康旅游将为老年人提供更加丰富的旅游体验,成为推动老年人旅游市场发展的重要动力。

三、老年人对深度文化体验的探索

除了健康旅游外,老年人对文化体验的需求也在日益增长。随着退休后生活方式的改变,许多老年人开始注重精神生活的丰富与充实,文化体验旅游因此成为他们探索世界、提升生活质量的重要方式。文化体验旅游不同于一般的观光旅游,它强调游客通过与当地文化的互动和深度参与,深入了解目的地的文化内涵和历史背景。这种旅游形式不仅可以丰富老年人的知识,还能满足他们对精神生活的追求,提升他们的文化修养和生活幸福感。

老年人对文化体验旅游的兴趣主要体现在对历史文化、传统艺术和宗教文化的浓厚兴趣。许多老年人在年轻时没有足够的时间和精力去探索世界,退休后他们希望通过旅游弥补这一遗憾。因此,老年人在选择旅游目的地时,往往倾向于那些具有丰富历史和文化底蕴的地方,如西安、洛阳等历史名城,或是拥有独特文化传统的地区,如少数民族聚居地、宗教圣地等。在这些地方,老年人通过参观博物馆、历史遗址、传统艺术表演等方式,深入了解当地的文化和历史,感受不同文化的魅力。

文化体验旅游不仅满足了老年人对知识的渴望,还提供了一个与当地文化互动的机会。例如,老年游客可以参加地方性的文化活动,如学习手工艺品制作、参与民俗节日庆典、体验传统饮食文化等。这些活动不仅能够让老年游客更好地了解当地的文化,还能够增强他们对文化的认同感和归属感。此外,文化体验旅游还为老年人提供了社交机会,通过与当地居民的互动,他们可以更加深入地融入当地文化,获得更加丰富的旅游体验。

老年人对文化体验的探索并不仅限于国内旅游,随着国际旅游的普及,越来越多的老年人选择前往外国体验不同的文化。例如,欧洲的古典文化和历史遗迹,亚洲的宗教文化和传统习俗,都是老年游客追求深度文化体验的重要目的地。在这些地方,老年游客不仅可以欣赏到世界文化的多样性,还可以通过与当地文化的互动,开阔眼界,增加对世界的理解和认知。

随着老年人对文化体验需求的增加,旅游服务供应商也应当抓住这一机遇,为老年游客提供更加丰富和个性化的文化体验服务。例如,旅游企业可以设计文化深度游线路,结合当地的文化资源,提供深入的文化讲解和体验活动。此外,智慧旅游平台还可以通过提供虚拟导览和在线文化课程,帮助老年人在出发前了解目的地的文化背景,从而更好地规划他们的文化体验之旅。未来,老年人对文化体验的探索将为旅游市场带来新的增长点。文化体验旅游不仅可以为老年人提供丰富的精神享受,还能够促进文化的传播和交流,增强老年游客的文化认同感。随着文化旅游市场的不断发展,旅游企业可以通过不断创新和提升服务质量,满足老年人日益增长的文化需求,推动文化体验旅游的持续发展。

第四章 智慧旅游与适老化服务

第一节 智慧旅游服务中的适老化问题

在全球老龄化背景下,智慧旅游的适老化问题成为迫切需要解决的课题。尽管智慧旅游服务带来了更多便利,但通过实地调研以及深度访谈发现老年人群体在使用智能设备、适应技术服务时,面临操作、设计包容性以及数据隐私方面的多重挑战。本节将根据调研和访谈的结果围绕智慧旅游服务中适老化问题的三大方面:老年用户对数字化服务的适应性、智慧旅游服务设计的包容性与可达性,以及数据隐私与安全问题,逐步进行详尽分析,剖析其内在原因和带来的实际影响。

一、老年用户对数字化服务的适应性问题

智慧旅游服务的普及依赖于高度智能化的应用,但由于生理和心理特性,老年人群体在适应这些服务时往往遭遇困境。以下具体分析了智慧旅游服务中老年游客的适应性障碍:

1. 操作复杂度导致使用难度高

智慧旅游应用通常涉及多种功能,包括地图导航、景点语音导览、线上购票、酒店预订等。其操作逻辑相对复杂,许多应用的界面设计较多重页面、图标排列密集、菜单选项多层嵌套,不符合老年人的认知特点。具体而言,以一个常见的智慧旅游 App 为例,从注册账户到进行景区购票,往往需要经过"填写信息—多次验证码验证—确认密码—完成支付"多层步骤,而每一个步骤都有不同的页面跳转或信息确认,常常使得老年人因为操作缓慢、错误输入或理解不透而中断。老年用户常因操作失误产生挫败感,进而选择放弃使用。

2. 数字技能的缺乏使其无法顺利上手

老年人群体由于在职业生涯中较少接触数字技术,通常缺乏智能设备操作经验和数字技能,尤其是对于偏远地区的老年人,获取智能设备和网络资源的机

会更少。相较于年轻人,老年人在理解和记忆抽象操作指令、输入信息、阅读小字体的文字信息上存在显著困难。这种技能缺乏导致许多老年用户无法独立完成应用注册或使用过程,即使有亲友帮助完成注册,也会因为对系统更新和操作不熟悉而无法长期使用。例如,当平台出现更新或界面更改时,老年用户难以迅速适应新的操作流程,往往需要重新学习,耗时耗力。缺少用户友好的长期支持和使用说明,进一步限制了老年人对智慧旅游服务的可持续使用。

3. 使用心理障碍与技术接受度低

年龄增长带来的心理因素如不安全感、对新技术的恐惧和排斥心理,使得老年人对新兴技术服务的接受意愿普遍较低。相对于年轻人,老年人更倾向于依赖人际沟通方式获取旅游信息,对机器化、数据化的在线操作存有不信任和抗拒心理。

以线上支付为例,不少老年人对支付安全性存疑,害怕个人账户信息泄露、操作不当导致财产损失,倾向于选择人工现金支付方式,进而避免使用智能化的旅游平台。此外,不少老年人对人机互动的准确性持保留态度,对语音识别系统、虚拟客服等不熟悉的智能服务产生戒备心理,担心机器判断失误影响行程。

二、智慧旅游服务设计的包容性与可达性问题

智慧旅游服务的适老化发展需要充分考虑老年用户在生理和认知上的差异,设计出更包容、可达的系统。然而,当前智慧旅游服务在包容性与可达性方面仍存在显著不足,具体表现如下:

1. 用户界面不友好,缺少适老化设计

市面上有一些智慧旅游应用面向年轻用户设计,缺乏适老化界面优化,例如字体过小、色彩对比度不佳、按钮尺寸偏小等问题。老年用户由于视力退化,对信息可见性和界面简单化有较高要求;过于紧凑、信息量过大的界面不仅使得他们难以有效获取信息,也在操作上容易出错。例如,一些旅游平台的地图导航界面标注较密集,缺少明显的位置信息显示,导致老年人在使用时难以找到所在位置与路线,从而加剧迷失感和不安感。

2. 缺少多感官辅助设计,降低信息获取效率

当前的智慧旅游应用主要依赖视觉传达信息,对听觉、触觉的辅助设计支持不足。对于视力较弱的老年用户,语音识别和导航功能能帮助他们更便捷地获取信息。然而,多数平台缺乏有效的语音引导和反馈机制,也缺少对听力障碍用户的触觉辅助。

例如,在一个景区的智能导览过程中,缺少实时语音讲解、路线震动提醒等功能,使得老年人需要频繁查看手机屏幕,从而增加了身体疲劳感和旅游过程中的心理压力。针对听力受限的老年人,通过振动、灯光提示等多模态设计可以有效提高操作的准确性和效率,确保老年人在接收信息时更为方便。

3. 数字无障碍设计不完善,阻碍信息获取

智慧旅游的无障碍设计通常集中在实体环境的物理设施,如无障碍通道等,但忽视了数字环境中的无障碍需求。例如,许多智慧旅游平台未设置辅助文本说明或图标音频描述,使得有视力障碍的老年人无法依赖屏幕阅读器获取信息,严重限制了其数字访问权利。同时,许多智慧旅游应用要求联网实时操作,导致一些老年用户在信号不佳或缺乏流量时无法使用。

例如,离线模式的缺失使得一些老年用户在进入景区后因信号差而无法获得实时服务,影响了整个行程体验。此外,部分老年人对应用程序的更新频率不敏感,若不定期更新应用,则容易面临界面不兼容、服务中断等问题,进一步降低了智慧旅游服务的可用性。

整体而言,智慧旅游服务的界面友好性、多感官支持、无障碍设计等方面存在缺陷,严重影响老年用户的体验和服务可达性。

三、数据隐私与安全问题

数据隐私和安全是智慧旅游服务中的重要议题,尤其在老年用户中,他们对个人信息敏感且对风险防范意识薄弱,因而更易受到网络欺诈和隐私泄露的威胁。以下分析了当前智慧旅游服务中数据隐私与安全问题的具体表现:

1. 隐私数据易遭滥用,增加信任风险

在智慧旅游服务中,用户数据的广泛采集与使用已成为常态,涉及用户的地理位置信息、旅行偏好、支付记录等隐私信息。一些平台未经老年用户的明确授权,私自将其数据提供给第三方广告公司,用于广告投放和行为分析。这种数据滥用不仅侵犯了老年用户的隐私,也使得他们对智慧旅游平台的信任度大幅下降。如某些智慧旅游平台在老年用户不知情的情况下,通过定位、旅游路线偏好等信息,进行精细化推送广告或营销信息,这种过度的数据调用使得老年用户在没有知情同意的前提下失去了对个人信息的控制权,甚至产生被监视的不安感。

2. 网络诈骗和钓鱼风险高,老年用户防范意识薄弱

网络诈骗的主要目标群体中老年用户占比较大,他们的防范意识较低且辨别虚假信息能力不强,容易成为不法分子攻击的对象。例如,智慧旅游平台上的

一些钓鱼广告或链接引导老年用户下载伪装应用或输入支付信息,这些信息极易泄露给诈骗者,造成财产损失。此外,许多老年用户习惯性设置简单密码或将密码记在易找到的地方,甚至直接使用默认密码,增加了被入侵的风险。缺少多重身份验证和防诈骗提示,也导致了老年用户的账户易被盗用。这些网络安全问题对于年长用户尤为严重,一旦发生数据泄露或资金损失,老年用户的心理承受能力也较低,难以有效应对。

3. 信息透明不足与缺少安全教育

大多数智慧旅游平台的隐私政策和服务协议较为冗长且晦涩难懂,以法律条款和复杂术语呈现,老年用户难以理解。再加上大部分平台缺少对隐私保护的清晰展示,未能及时更新数据保护政策,这些都增加了老年用户的疑虑与不信任。此外,智慧旅游平台缺乏系统化的网络安全教育,未能有效提升老年用户的风险防范意识。

例如,平台在老年用户进行线上支付时,若能增加简洁明了的隐私和安全提示,甚至设立专门的风险提醒模块,可以帮助老年用户提高警惕。然而,现有的智慧旅游服务并未重视老年用户在信息安全上的教育需求,这导致了其在网络安全风险中长期处于弱势地位。

综上所述,数据隐私和安全问题是老年人使用智慧旅游服务的主要障碍之一。为此,智慧旅游平台需加强隐私数据保护、网络安全防范、信息透明和安全教育方面的建设,确保老年用户在数字化服务中能够享有更高的隐私保障和安全体验。

第二节　智慧旅游适老化服务改造的核心诉求

由于老年人群体在数字技术方面的相对劣势,他们在智慧旅游服务中的适应性普遍较低,尤其在操作复杂度、数字技能和信息安全等方面,面临着许多障碍。因此,如何通过适老化服务改造,为老年用户提供更加便捷、安全、有效的智慧旅游体验,成为智慧旅游服务发展中的关键课题。为此,本节将深入探讨智慧旅游适老化服务改造的核心诉求,提出三大改造方向:简化操作流程与增强可操作性、提升数字技能与信息透明度、完善多感官支持与无障碍设计。这些改造不仅能够提高老年用户的使用体验和服务可达性,还能增强他们的技术接受度和安全感,最终帮助老年群体充分融入智能化旅游新时代。

一、简化操作流程与增强可操作性

老年群体在使用智慧旅游服务时,普遍面临操作复杂、认知负担重的问题。智慧旅游应用的功能丰富,涵盖了酒店预订、机票购买、景点导航、路线规划等多个环节,但由于这些功能涉及多层次的操作步骤,且很多应用界面设计较为繁琐,容易给老年用户带来认知上的困扰与操作上的障碍。为了提高老年用户在智慧旅游中的可操作性,改造的核心诉求是简化操作流程,优化用户界面的设计,从而减轻他们的使用难度,提升整体体验。

1. 简化多步骤操作流程

目前,智慧旅游应用中的操作流程往往存在过多繁琐的步骤,每一个环节的操作都需要进行多次确认与输入,尤其是对老年用户而言,这种多步骤的流程容易导致操作失误和中断。例如,在进行酒店预订、景点购票等操作时,老年用户需要填写大量个人信息、选择选项、输入验证码等,这些重复的操作步骤不仅增加了认知负担,还使得他们在使用过程中产生焦虑情绪,最终选择放弃。为了解决这一问题,智慧旅游服务应当通过精简操作步骤,减少中间环节,采用智能化技术来自动填充常用信息、简化验证过程。例如,平台可以引入一键登录功能,整合各类社交账号或身份证认证,实现快速注册与登录;同时,采用智能算法自动填写用户的个人资料,减少用户输入的重复性劳动。在支付环节,也可以通过与银行和支付平台的深度合作,实现更便捷的支付方式,如扫码支付、指纹支付等,避免繁琐的输入环节。

2. 优化用户界面设计

许多现有的智慧旅游应用界面设计过于复杂,信息密集,字体过小,色彩对比度不高,容易使视力较差的老年用户感到迷茫。在设计适合老年群体的用户界面时,首先要遵循"简洁明了"的设计原则,减少过度的信息展示与复杂的页面层级结构。界面中应以清晰的图标、简洁的语言呈现主要功能,避免过多的复杂选项与无关内容,使用户在视觉上获得舒适感,操作上得到便利。在界面设计中,可以通过以下方式来提升老年用户的体验:① 字体调整与对比优化:设计较大的字体,且采用高对比度的配色方案,确保老年用户能够清晰地看到界面上的文字与图标;② 简化功能层级:避免多重菜单嵌套,功能选项应尽可能减少,关键操作应一目了然;③ 界面视觉引导:通过鲜明的颜色、清晰的按钮标识与视觉引导,帮助老年用户快速找到所需功能和步骤。

3. 使用友好的语音导航与智能助手

为了进一步提高老年用户的使用便捷性,语音识别与语音反馈系统的引入至关重要。对于视力有所障碍或长时间使用屏幕导致眼部疲劳的老年人,语音提示可以有效减少他们在操作时的压力。同时,语音助手可以为老年用户提供更为个性化的服务,如景点推荐、路线规划、餐饮推荐等,帮助他们更高效地规划和执行旅游计划。例如,基于语音识别技术的智能导览系统可以为老年用户提供实时的语音讲解,帮助他们在景区中轻松获取信息而不需要频繁查看手机屏幕。此外,智能助手的应用不仅能够实现语音导航,还可以进行常见问题的解答,甚至在遇到困难时,提供人工客服连接,确保老年用户无障碍地享受智慧旅游服务。

二、提升数字技能与信息透明度

数字技能的缺乏是老年群体在使用智慧旅游服务中遇到的最大障碍之一。尽管越来越多的老年人开始接触智能手机和互联网,但由于长期未接触相关技术,许多人仍然对新的数字应用存在一定的陌生感和抗拒心理。因此,提升老年群体的数字技能,降低他们对新技术的恐惧感,是智慧旅游服务适老化改造的核心目标之一。

1. 设立用户教育与培训支持

面对老年用户普遍存在的数字技能缺口,智慧旅游平台应当通过多种形式提供有效的技术培训与支持。线上线下结合的教育方式可以帮助老年用户快速掌握基本的操作技能。例如,智慧旅游平台可以定期组织专题培训,教授老年用户如何进行账户注册、操作旅游服务、完成支付等。此外,平台还可以通过视频教程、操作指南、电话咨询等方式,为老年用户提供全程指导,确保他们能够在实际使用中不被复杂的技术所困扰。针对系统更新或界面调整时,平台还应及时推出针对老年用户的操作手册,并提供详细的图文或视频教程,帮助他们迅速适应新的操作界面,避免因界面变化带来的不适应感。

2. 优化信息展示与帮助系统

老年用户在使用智慧旅游服务时,常常对专业的技术术语和复杂的操作界面感到困惑。为了降低他们的使用难度,平台应优化信息展示,简化语言表达,避免出现复杂的术语或难懂的技术语言。通过简洁明了的操作提示、FAQ 常见问题解答、实时客服支持等,老年用户可以在遇到问题时得到及时有效的帮助。例如,平台可以在每个功能页面提供简短易懂的操作提示,并通过语音或图文形式解释每个功能的使用方法。此外,平台还可以设置"常见问题"板块,通过图文或视频形式为老年用户提供针对性解决方案,帮助他们轻松解决操作中的常见问题。

3. 增强隐私保护与安全教育

老年用户在使用智慧旅游服务时,往往对隐私保护和信息安全的意识较弱,尤其是在进行线上支付或个人信息填写时,他们可能缺乏足够的安全防范意识。因此,平台应加强对老年用户的隐私保护和信息安全教育。通过简洁明了的隐私政策、用户协议和安全提示,帮助老年用户了解他们的个人信息如何被收集、存储和使用,从而增强他们对平台的信任。此外,平台应定期开展网络安全教育活动,普及密码管理、网络诈骗防范等知识,提高老年用户的网络安全意识。在支付过程中,平台应提供多重身份验证,确保用户的支付信息得到充分保护,并设置清晰的安全提示,帮助老年用户识别潜在的诈骗风险。

三、完善多感官支持与无障碍设计

随着老年人群体的生理和心理特性不断变化,传统的基于视觉和触觉的设计已经无法满足他们的需求。为了让老年用户能够更方便、顺畅地使用智慧旅游服务,改造的核心诉求应当包括加强多感官支持和无障碍设计,特别是对于视力和听力有所障碍的老年人群体,提供更加全面的辅助功能。

1. 多感官信息传达与反馈机制

在智慧旅游服务的设计过程中,老年用户常面临视力或听力上的限制,这使得传统的视觉和听觉反馈机制往往不能满足他们的需求。因此,在为老年人群体提供智慧旅游服务时,采用多感官的信息传递和反馈机制,不仅能够增强用户体验,还能大大提高老年人对服务的接纳度和满意度。

(1)语音提示与语音引导。语音提示和语音导航功能为视力受限的老年人提供了便捷的信息传递渠道。例如,老年人在参观景点、乘坐交通工具或寻找餐饮时,语音提示能够实时引导他们获取相关信息,避免频繁查看手机屏幕带来的不便。特别是对于那些视力较差或完全失明的老年人,语音反馈可以成为他们与外界沟通的主要手段。在应用中,可以通过嵌入语音识别技术和语音助手,实现更加个性化和细致的服务。例如,在景区旅游中,语音助手不仅能够向老年用户介绍景点背景、讲解历史文化,还可以根据实时位置推荐周围的景点、厕所、餐厅等设施,确保老年人能够轻松找到所需服务,减少迷失的可能性。

(2)触觉反馈与振动提醒。对于听力障碍的老年人,传统的音响提示无法有效传达信息,因此,触觉反馈和振动提醒成为非常重要的补充手段。在智能手机或穿戴设备中,振动提醒能够在关键时刻通过强烈的震动提示用户,如提醒老年人上车、到站、接近某个景点等。这种方式特别适合听力较差或完全失聪的老年人,能够帮助他们及时获取信息,不会因为听力障碍而错过重要提示。此外,触觉反馈的应用也可以使老年人在操作中获得更多信息。例如,智慧旅游应用在进行导航时,手机或穿戴设备可以通过不同频率或强度的震动来指示方向,增加用户的认知清晰度和参与感。这种方式不仅适用于视力或听力障碍的用户,实际上对所有老年人群体来说,都能降低操作中的认知负担,提升整体的使用体验。

（3）视觉优化与辅助功能。对于视力障碍的老年人群体,智慧旅游平台在视觉设计方面必须做出特殊优化。优化字体、颜色对比度、布局结构等方面,能够帮助用户更好地获取信息。老年人视觉衰退的普遍问题使得他们在使用较小字体或低对比度的界面时容易产生困扰和疲劳感。因此,平台应设计可调节字体大小、高对比度色彩方案以及简洁明了的图标设计,使得信息传递更为清晰。例如,智慧旅游应用可以提供"夜间模式"或"高对比度模式",减少背景色彩和字体颜色的差异,以适应老年人的视力需求。此外,平台可以为有视力障碍的用户提供语音朗读功能,实时将屏幕上的文字信息转化为语音,以辅助阅读。

2. 提升数字无障碍功能

尽管现有的公共设施和交通工具在逐步实现无障碍设计,但在数字平台上,针对老年群体的无障碍设计仍然存在较大的缺口。数字无障碍设计不仅能帮助老年用户解决日常生活中的技术难题,还能提升他们对数字服务的认同感,最终推动老年人群体全面融入智慧旅游的数字化浪潮。

（1）屏幕阅读器与辅助工具。对于视力障碍的老年人,平台应当提供与屏幕阅读器兼容的设计,以确保他们能够通过语音辅助技术获取界面上的内容。目前,许多智能设备和应用程序已支持与屏幕阅读器的无缝对接,如 iOS 的 VoiceOver、安卓系统的 TalkBack 等。平台应优化其界面设计,确保所有的文本、按钮、图标等元素能够被屏幕阅读器准确地朗读出来。此外,平台还可以加入音频描述功能,为那些在参观景点或游览时需要了解详细背景信息的老年用户提供全程解说。这种音频描述不仅能帮助视力障碍的老年人理解景点、文化和历史背景,还能够提升他们的沉浸感和参与感,使他们能够通过听觉充分体验到旅行的乐趣。

（2）实时字幕与语音转文字。针对听力障碍的老年用户,实时字幕功能是解决信息传递问题的有效手段。在智慧旅游平台中,许多讲解视频、现场讲解或音频信息,都可以通过实时字幕的方式提供给老年用户。这不仅帮助听力受限的老年人获取讲解内容,也为他们提供了更加准确的信息来源。例如,在景区导览中,除了语音引导和文字信息,系统可以自动生成实时字幕,让听力障碍的老年用户在通过耳机或扬声器收听语音导览时,配合字幕显示,能够更好地理解内容。这种方式对于老年人尤为重要,因为他们在听觉上可能较为迟缓,通过图文并茂的方式能够帮助他们加深对信息的理解和记忆。

(3)辅助功能与自定义设置。老年用户的身体状况和需求因人而异,因此,为老年人群体设计数字无障碍功能时,应该提供高度自定义的功能设置。例如,智慧旅游平台可以允许老年用户根据个人需求调整字体大小、屏幕亮度、对比度、语音速度、震动强度等参数,使他们能够根据个人的视力、听力和操作习惯,创建最适合自己的使用体验。

3. 离线功能与网络稳定性保障

在实际旅行过程中,老年用户常常面临网络信号不稳定或无信号的情况,尤其是在一些偏远的旅游景点或乡村地区。由于智慧旅游服务往往依赖于网络连接进行信息查询和实时导航,当网络环境不佳时,老年用户的旅行体验可能会大打折扣。为了避免这种情况,智慧旅游平台应当提供离线功能以及网络稳定性保障,以确保老年用户在不同网络条件下都能顺利使用服务。

(1)离线功能的设计。离线功能是解决网络问题的重要手段。在没有网络信号或信号不稳定的地区,老年用户仍然能够继续使用基本的服务。智慧旅游平台可以提供离线地图、离线语音导览、离线餐厅推荐等功能,使老年用户在没有网络的情况下,也能获取相关信息并顺利完成旅行。例如,平台可以允许用户提前下载所需的景点地图、景区介绍以及导航路径,在没有网络的环境下,依然能够实时查看信息并进行导航。对于一些旅游路线,平台可以通过事先下载的音频文件提供语音导览,使得即便是在偏远地区,老年用户也能享受到完整的导览服务。

(2)增强网络稳定性与备选方案。除了提供离线功能,平台还应当通过技术手段增强网络稳定性,以应对旅行过程中可能出现的网络波动问题。例如,平台可以通过智能缓存技术,自动缓存用户最常用的信息,确保用户在信号较弱的环境下仍能顺利查看所需内容。此外,平台还可以设置网络连接检测,及时提醒用户切换到更稳定的网络环境,避免因网络问题导致的使用中断。同时,平台还可以根据不同的网络情况,优化资源加载和内容推送。例如,当网络速度较慢时,平台可以自动减少视频流量的加载或图片的高清显示,确保信息的正常加载和用户体验的流畅度。

第三节　国内智慧旅游适老化建设案例解读

随着全球人口老龄化趋势的加剧,智慧旅游适老化已成为提升旅游服务质量、促进老年人参与社会生活的重要议题。这一议题尤为紧迫且富有挑战性。党的二十大报告明确提出"实施积极应对人口老龄化国家战略,发展养老事业和养老产业,优化孤寡老人服务,推动实现全体老年人享有基本养老服务"的目标。为了响应这一号召,并切实解决老年人在数字化旅游中遇到的困难,中国政府及旅游行业积极行动,探索并推广了一系列智慧旅游适老化项目。近年来,中国智慧旅游适老化取得了显著进展,不仅提升了老年人在旅游过程中的便捷性和舒适度,也为全球智慧旅游适老化提供了宝贵的经验和启示。本文选取了2021—2024年智慧旅游适老化建设的项目案例进行详细解读,从中可以发现:随着科技的进步与老年人需求的变化,智慧旅游适老化建设逐步从消除数字化障碍、提升出游便捷性转向通过物联网、人工智能等技术,深入解决老年人旅游中的安全、便利与个性化需求,不断创新服务方式,以确保老年群体在旅游中享受更加智能、安全和舒适的体验。

一、2021 年智慧旅游适老化建设项目名称及案例

1. 杭州适老服务弥"鸿沟"　便民惠民提效能

(1)丰富"健康码"应用。具体:① 线上,老年人在预约或购票等需要添加健康码信息时,可以将健康码信息绑定在随行子女手机上,由子女代为办理。② 线下,设置景点场馆老年人服务点,提供代办健康码绑定服务。③ 设置"无健康码通道",优化多功能核验机具,老年人出示身份证即可自动读取关联信息入场。

(2)保留人工售检票服务窗口。杭州主要景区设置了"老年人服务专属窗口",通过身份证读取,实现预约和实名入园双服务,同时可通过现金、网络支付等多种付款方式,取票后直接刷票入园。

(3)全面开展讲解服务、志愿服务。具体:① 在开展线上语音讲解服务的同时,景区加强线下讲解服务团队建设,布设线下讲解专门梯队,通过"你帮我带"的形式,培养一批景区优秀讲解员为老年人服务。② 景区在售检票场所、微笑亭、驿站等场所设立志愿者服务点,对老年群体主动提供服务。

(4)公园卡办理线上线下结合,取消线上预约和人工换票程序。公园卡实

现市民"一分钟办卡、一秒钟入园"。针对持有杭州"公园卡"(电子二维码)的老年人,取消线上预约和人工换票程序,通过闸机刷码即完成预约、核销、实名认证全过程。

2."游云南"App长辈模式保障老年人无忧出行

(1)多入口进入长辈模式。App有四个入口可进入,本着操作不复杂、用户不登录、符合使用习惯的原则,从进入方式上提升老年用户的体验感。

(2)聚焦常用功能。针对老年人的使用习惯对服务内容进行筛选,"长辈模式"结合中老年群体的使用习惯,仅在标准版基础上保留了银发人群最常用的两个功能板块——"游玩助手"及"旅游保障",帮助其更方便快捷地使用景区导览、拍照识花草、投诉退货等功能。根据老年群体不爱看文字,更喜欢语音图像等的操作习惯,景区导览功能重点聚焦语音讲解,并根据老年人的位置推荐不同的景区讲解,讲解语音在当前页面即点即播,清晰简单。

(3)界面设计方便简洁。具体:① 界面设计上,以工信部《互联网应用适老化及无障碍改造专项行动方案》为指导方针,以"看得见,看得懂,会使用"为改造方向,视觉上以大字体、大图标、大按钮、高对比度文字,保障老年人能够看得见。② 交互以简单的界面和操作方式为主,实现"一页操作、一键操作",避免文字输入等复杂的交互。

(4)线上线下结合。除了线上"游云南"App的"长辈版"模式外,线下在长水国际机场的云南旅游咨询服务中心也充分考虑了赴滇老年群体的实际需求,推出了为老年群体特别定制的文字更大、页面更简洁、功能指引更清晰的《安心出游指南》,通过提供一对一讲解服务,配合"游云南"App的"长辈版"模式的实操指导,切实保障老年群体无忧出行。

3.江苏省徐州市泉山区适老化智慧旅游导览系统

(1)"好找＋好用"双原则统筹,获取便捷。具体:① 坚持"好找"原则。多点位布局,全域覆盖。泉山区"智慧旅游导览牌"建设时,紧密结合辖区旅游资源分布现状和老年游客需求,合理设计点位并进行安装,实现重要点位全覆盖,方便老年人及时就近使用。② 坚持"好用"原则。全要素呈现,功能齐全。智慧旅游导览牌右侧设置电子触摸导览大屏,构建集景点导览讲解、周边服务查看、目标位置导航等功能为一体的导游导览系统,功能全、屏幕大、字体大,便于老年人点击查阅。

(2)"线上＋线下"双渠道展示,操作简便。具体:① "触摸屏＋手机屏"互联互通。泉山区适老化智慧旅游导览系统与手机端"掌上游泉山"互联互通。老年人可以利用手机端进行查询,解决了老年人多跑路和行动不便的难题。②"纸质地图＋电子地图"互补互促。智慧旅游导览牌主体部分保留了全域全景纸质地图,方便老年人查阅旅游要素。同时在触摸屏和手机端设置了全域电子地图浏览功能,老年人在游览泉山时,可以通过线上线下多渠道、多元化地享受到泉山智慧旅游服务。

(3)"语音＋图文"双感官呈现,体验丰富。具体:① 语音讲解,打造"听得清"的景点,针对部分老年人存在视力障碍等问题,系统设置了景区景点语音讲解功能。老年游客可点击"语音讲解"图标,听取该景点的讲解音频,提升老年游客体验感。② VR 全景,打造"看得见"的景点。针对老年人体力精力局限等问题,智慧旅游导览系统开发了"VR 游泉山"虚拟旅游功能,充分满足老年游客身临其境感受景点全景的需求、丰富现场体验效果。

4."浙里好玩"发展智慧旅游提高适老化程度

"浙里好玩"跨场景及创新应用选择了老年人日常使用较多的数字电视作为平台终端,依托数字电视打造"浙里好玩"老年版旅游应用,通过电视大屏,老年人足不出户就能用遥控器浏览景点信息、活动资讯和订购旅游产品。

(1)虚拟频道一键进入。"浙里好玩"平台专门使用了虚拟频道号来方便老人进入使用,无需繁琐的操作,也无须层层查找,只须输入特定的数字频道即可进入平台,与日常切换电视频道一样,贴近用户习惯,不增加学习成本。

(2)资讯活动。对全省的演出、活动、展览、讲座等信息向全省老年人进行推荐,提供全面的官方旅游政策的发布及展示。

(3)匠心独运。对全省的非遗类资源通过视频、图文的方式进行集中展示,进一步丰富老年人精神文化娱乐,内容主要包括:传统口头文学以及作为其载体的语言;传统美术、书法、音乐、舞蹈、戏剧、曲艺和杂技;传统技艺、医药和历法;传统礼仪、节庆等民俗;传统体育和游艺等。

(4)一键预约。浏览产品信息后,老年用户可通过电视大屏进行一键预约,只需要点击一次即可完成预约信息登记,平台客服人员将为老年用户保障后续的旅游出行服务。

(5)老年旅游线路定制优选。将酒店、民宿、线路、门票等文旅产品根据商品的类型相似度进行整合输出,通过数据整合、对比系统选出适合老年人的最透明、最具性价比的出行指南,优化旅游体验。

5.美团线下门票预订关怀版助推天津景区提升适老化水平

(1)老年用户需求调研。通过用户反馈、老年用户访谈及社会化服务人员调研,美团门票团队发现,老年游客线下预约有三大痛点:一是意愿问题,老年游客更习惯在线下窗口购票;二是能力问题,由于视力和操作习惯等原因,老年游客看不清字、不会或不习惯操作智能手机,使用手机扫码预约比较困难,经常需要景区人员手把手的帮助,才能完成扫码入园;三是流程问题,线下缺少老年人专属通道、缺乏专职人员引导,导致老年游客排队入园困难。

(2)线上线下并行改造。在美团门票规划中,适老化改造分为"三步走":第一步是线上建设关怀版门票预约流程,线下提供老年人专属服务;第二步是实现智能化引导;第三步是实现同行人或工作人员协助老年人完成门票预约。

6. 颐和园服务零距离　智享园林夕阳红

(1)研发智能设施,便捷服务零距离,增加老年群体的体验感、满足感和信任感。在颐和园游客中心咨询大厅内,服务信息大屏、自助资讯查询、物联网终端一体机等智能设备一应俱全。智能旅游产品及应用开发同样兼顾老年群体的需要与使用习惯,优化智能设备操作界面,简化操作流程,其中景点介绍、路线参考、虚拟游园等功能一屏即览、一点即查,并具备大屏幕、大字体、大音量等特点,提升了智能产品人机交互体验感。

(2)整合线上线下资源,协调推出"1+1"服务模式,消除老年群体智慧旅游障碍。坚持智能化服务与传统方式并行,重视有针对性的人工帮扶与信息引导,加强对老年游客的服务。在颐和园游客中心服务大厅内,设置扶老助残公益岗,安排工作人员或志愿者开展流动服务,1对1帮助老年人等运用智能技术困难人群进行健康码、预约码、购票信息等查询操作以及旅游景区内部导游等问题。

(3)延伸一站式服务,打造暖心驿站。颐和园游客服务中心在智慧化建设中,延伸覆盖了老年人以家庭方式出行的一站式服务模式,开发适老智能应用,实现简单亲民与无障碍出游,从而赢得更多老年人的信任。除标准的母婴服务、医疗救护等项目外,增设智能货柜、智能饮水机、相片打印机等综合配套服务设施,便于老年人闲暇休息之余,满足饮食需求、分享游览经历,更好满足老年群体文化和旅游消费需要。

7. 北京智慧旅游地图　助力老年人畅游无忧

(1)虚拟导游,在线游览的智能化服务。虚拟导游是"北京智慧旅游地图"微信公众号的核心服务栏目,主要通过虚拟现实等技术,帮助老年人近距离、全面领略北京的大美风光,为下一步精准出游提供参考。

(2)无障碍设施及游览线路查看。该项服务主要面向老年人、残障人士以及特殊人群等有无障碍出行需求的群体。通过对全市旅游景区的无障碍设施、无障碍游览路线等信息数字化改造,让特殊群体在线即可直观、全面地了解旅游景区无障碍设施以及游览信息,方便出行。

8. 黄山旅游官方平台探索提升老年人游玩体验新范式

(1) 创新预约模式,方便快捷购票。如:① 游客可一次性完成不同门票、索道票、景区换乘车票购票,减少游客重复输入信息购买不同票种的不便。为了方便老年人购票,对不适合老年人的线上票种,增加年龄限制,以保障老年人合法权益,避免购错票。② 针对老年人不预约直接入园情况,为方便景区登记老年人信息,官方平台推出"景区特殊群体票",并联合黄山市文旅局对全市景区、酒店进行宣贯,印制《黄山市景区预约流程》海报到各景区、酒店,倡导提前预约,解决老年人没有提前预约到达景区,景区登记信息繁琐的痛点问题,更好地推进黄山市景区预约新模式,满足"能约尽约"要求。

(2) 借助新技术,提升购票效率。如:① 针对老年人操作智能手机不熟练的情况,官方平台使用百度 OCR 技术,快速帮助老年人完成信息输入。老年人在官方平台购票时,点击"拍照身份证",便可将老年人身份证上的姓名、身份证信息自动填入购买的票种游玩人信息栏,提交支付即可完成预约购票。② 为方便游客在平台购买其他票种,平台对联系人管理功能进行功能升级,即第一次完成信息填入时,平台会自动把游客信息保存到常用联系人中,极大地提升游客在平台的购票效率。③ 同时,为了方便老年人在平台购票,官方平台购票页面重要信息采用了字体放大、颜色标注等方式,让老年人能更加关注景区及票种情况。

(3) 依托新设备,提升入园效率。对没有智能手机的老年人群,只需要家人提前为老年人在官方平台订票。订票时可选择拍照方式,老年人到达景区后,只需经过票房闸机时对准拍照识别设备,即可直接入园,从无接触式购票到无接触式入园。

(4) 构建线上线下一体化预约体系。线下设置综合服务窗口:一是协助老年人进行预约,对于有智能手机的老年人协助其进入官方平台操作预约预订流程,对于无智能手机的老年人,做好传统购票方式引导,并登记游客信息;二是提前开展预约预订游客进山前的核验,确保所有游客提前入园,避免游客因现场购票造成拥挤,提升游客入园效率。

9. 河北线上线下齐发力 智慧赋能"银发族"

(1) 预约购票核销一体化,简化入园程序。河北省文化和旅游厅开发了独有的 OTS 系统,与景区票务系统进行对接,实现了预约码、健康码、票务信息码三码合一,完成多平台互认。通过"乐游冀"购票的用户可同时完成景区和场馆的预约。在平台完成预约购票后,在入园时刷身份证即可入园,不再需要查验健康码、预约码以及景区门票等多个程序,极大地简化了老年人入园程序,使老年人预约入园更加便捷。

(2)提供便捷、智能的一站式游玩服务。提供电子手绘地图及语音导览服务。① 河北省、市、重要景区的 Q 版电子手绘地图上,旅游资源的分布一目了然,并且可以对整个地图进行放大和缩小,为老年人提供了更加直观、形象、便捷的导航导览服务。利用 LBS(基于地理位置的服务),提供景点语音讲解服务,老年人在景区游玩时根据其定位自动播放该景点语音介绍,免去查看简介文字,方便老年人游玩。② 提供"云游河北"服务。利用现代计算机数字及摄影等技术,通过景区多点高空俯拍,对景区真实场景进行摄影捕捉,在"乐游冀"平台上再现景区的 360 度优美全景展示。按热门推荐、城市风光、人气景区、博物馆、名胜古迹等分类方式,提供省内景区 82 家景区 VR 全景和 537 个点位,伴随语音讲解的展示功能,对于身体不方便出行的居家老年人,可以想看哪里就点哪里,实现一键触达景区,通过"云游河北",带给老年人身临其境的全新体验。

(3)提高文旅场所适老化服务程度。① 提供优质贴心服务。在重点景区游客中心服务台设置咨询服务处,为老年人提供政策咨询、游览咨询等相关服务。在景区为老年群体设置无障碍观光体验车,部分景区为老年人准备轮椅等代步工具,60 周岁(含)以上老年人可免费使用。为老年人群提供轮椅专用坡道和步行空间来提高其无障碍游览体验,并通过景区内部的宣传为中老年游客提供专项指引,使其在景区游玩时可以直接找寻无障碍体验的设施和服务。② 搭建老年人参与旅游活动平台。在中国旅游日、"五一"小长假、"十一"黄金周、重阳节、春节等重要节日期间,专门推出面向老年人游客群体的优惠措施,激发老年人的出游热情、丰富老年人的出游体验。在老年人群旅游结束之后,景区工作人员对其进行观后访问和追踪,通过其对旅游景区及节庆活动的反馈来及时调整服务供给。通过行程回顾、行程分享和礼品馈赠等方式,使老年人群感受到景区的热情。

10. 新疆那拉提景区助力老年人跨越"数字鸿沟"

(1)门票及区间车服务。通过大数据中的游客画像和占比,景区针对老年游客制定了各种门票及区间车的相关服务,对 65—69 岁的老年游客推出了门票和区间车享受半价的优惠政策,为 70 岁以上的老年游客提供免费门票、区间车票半价的优惠服务。

(2)智慧化告知服务。为了解决老年游客使用智能手机预约不便、看信息不友好等问题,景区专门推出了"线下门票预订关怀版专区",关怀版专区页面显示均为大字版,价格、预约时间等信息显示放在突出位置,推出更契合老年人需求、更具人性化的平台功能。预约流程也缩短为一步,老年游客通过刷身份证就可以享受入园服务,景区增加了5块游客告知的大屏发布数量,在一定程度上优化了老年人游览体验。

(3)智慧导览服务。景区充分利用大数据和"智游那拉提"线上平台为老年游客提供那拉提游中的位置服务、票务服务、酒店服务、特产购买等,实现基于位置的导览、导购、导航、求助等一键式服务。此外,考虑到老年群体在使用手机电子讲解系统时存在一定障碍,景区还推出了一键电子导览服务和语音搜索,为老年游客提供直观、清晰的电子讲解服务,让老年群体感受到智能服务带来的便利。

(4)智慧厕所及应急服务。智慧厕所加入智慧引导系统,游客根据厕所显示大屏便可查找到附近的厕所,并实时掌握蹲位占用情况,如厕所类型、坑位数、蹲便数、小便池数,如有突发事件可按一键式按钮进行报警,便于指挥中心提前预判预警调度资源,避免重大突发事故的发生。

(5)其他便民服务。景区内各大的景点及游客中心提供热水免费供应服务,针对老年游客提供免费使用轮椅服务,同时在厕所服务周围增加了轮椅通道,并会通过员工的"景管通"App对各类服务事件作登记和管理,合理配置相关服务资源。

11. 宁夏旅游一卡通增强老年人获得感和幸福感

(1)针对产品页面字体偏小、不方便阅读,操作跳转页面过多的问题提供以下解决方案。① UI界面设计改版。适老改版UI界面,增大字体、图标,方便视力下降的中老年人。同时提高界面文字和背景对比度,方便识别和点击。首页将产品主要功能集中展示,方便中老年人选择使用。② 设计优化。交互设计上,减少复杂操作和跳转页面过多的情况。首先,优化跳转流程,减少页面过多的跳转。其次,统一交互方式,让中老年人知道每次操作会出现什么。最后,增加按钮操作反馈,让中老年人不需要过多的思考,使用更顺畅。③ 放大文字展示和文字语音播报功能。一卡通简介和使用须知等文字描述页面支持文字区域放大展示和语音播报功能,方便视力不好和识字能力有限的中老年人按需选择使用。

(2)针对购买方式只支持个人支付,没有他人代付、线下支付的问题,提供以下解决方案。① 新增他人代付。针对较多老年人手机未开通第三方支付的情况,一卡通购买支付方式在原有基础上新增他人代付功能。老人可一键转发给子女、亲友,让他人来替老人解决支付问题。此功能还能促进老人和子女、亲友的交流、沟通。② 提供线下办卡渠道。用户可以到线下合作的办卡网点线下缴费办卡。工作人员收取卡费后,登录后台管理系统为用户添加一卡通信息,录入用户信息,完成办卡操作。

(3) 针对手动录入个人信息、景区验证操作复杂的问题,提供以下解决方案。① 新增 OCR 识别。将办卡绑定个人信息由之前的手动文字输入改为上传证照图片,系统通过 OCR 识别回填证照文字信息。② 新增景区人脸识别闸机验证。用户购买一卡通后,需要上传人脸信息,到达景区后,通过闸机上人脸扫描设备扫脸验证,人像信息要素符合后闸机开放,完成入园验证。由此可以有效减少出入景区时人工核对票务繁琐流程,缩短游客排队等候时间,同时减少中老年人找取证照、频繁使用手机等操作。

(4) 针对使用遇到困难无法找到合适的人进行讲解的问题,提供以下解决方案。产品提供电话客服,用户点击后,直接拨打一卡通客服热线,由专业客服人员为用户答疑解惑。

(5) 针对中老年人应用系统加强安全性保障。为了更好地保护用户账户信息安全,便于用户登录,除了默认的手机验证码登录方式以外,还增加了指纹和人脸识别两种登录方式供用户选择,减少老年用户因忘记密码、无法收到验证码短信、反复输入验证信息的烦恼。

12. 内蒙古土默特右旗瞄准智慧适老　便捷老年人出行

(1) 在景区预约环节,提供简便适老的“菜单化”选择。充分考虑到老年人旅游群体的特点,为老年人提供电话预约、现场窗口登记预约、亲友代办预约、智能手机线上预约等多种预约服务,后台针对已预约老年游客进行智能分析处理,优先保障老年游客进入景区旅游。同时,各景区每日预留一定数量的免预约名额,对未能提前预约的老年游客提供免预约服务,遇景区人流量峰值时,安排老年人错峰游玩。

(2) 在景区购票环节,提供简单易行的多样化途径。针对老年人不便使用智能手机线上购票等问题,景区为老年人保留了窗口现金售票、电话预约购票、亲友线上代购、现场工作人员代办购票等多种购票方式。同时对符合免票条件的人群提供了绿色通道,方便了老年人购买景区门票。

(3) 在景区入园环节,设立专属通道和专人引导服务。各景区入口为老年人设立专属入园通道,现场工作人员为老年人提供人工帮扶,对于行动有困难的老年人提供现场引导服务,让老年人感受到社会的关怀,提升了老年人对景区服务的满意度。

(4) 在景区游玩环节,实现游程的智慧化设计和全程的针对性服务。全面优化景区适老化游览流程,一方面通过景区智慧平台系统和工作人员跟踪监测,提供智慧化游览管理,通过导游信息屏和音响引导老年游客合理确定参观线路和饮食休息安排;另一方面在景区内增设便利化服务设施设备,及时满足老年游客群体多方面需要。特别是在景区合理配备医疗药品和器械,为老年人景区游玩提供医疗保障。此外,为提升老年人景区游玩乐趣,提供语音自助电子导游等智能穿戴设备,方便老年人有更宽松的时间深入细致地完成景区游览。

13. 携程发展智慧旅游提高适老化程度实践

(1) 网页端适老化无障碍改造。如:① 在网站上添加无障碍工具栏,该工具栏支持对全网站页面上的字体缩放、语音朗读、大光标、高对比度等功能,用于辅助视障和听障人士完成旅游产品的浏览和下单动作。② 为提升老年群体和残障人士的使用体验,避免出现误解,集团在改造中特意将所有广告页面均予以剔除,仅保留必要的内容场景,做到"应减尽减",切实保障老年、残障群体的权益。③ 创新性地开通并提供了老年人专线电话,由专属的人工客服为老年群体提供服务。致电该客服热线将不会有冗长的前置功能选择,会直接接通人工客服,由客服人员根据老年用户的需求提供代为筛选产品、代为下单、代为取消预订等服务。

(2) 手机客户端适老化无障碍改造。手机客户端主要着眼于用户的感知性和实操性改造,制作形成专用于适老化的版本,并利用 H5 内嵌入手机客户端的技术路线。

14. 甘肃景区(场馆)分时预约系统提升适老化功能

(1) 兼容性问题。景区(场馆)分时预约平台采用 H5 页面及微信小程序、支付宝小程序三种方式向游客提供服务。当前微信小程序、支付宝小程序有较为封闭及严格的使用环境,UI 设计规范兼容性、不同手机兼容性问题较少;而 H5 页面是较为开放的使用环境,在后续系统开发过程中,逐步将 H5 用户引导至微信小程序和支付宝小程序,给游客提供更为完善的服务。同时在线下景区及场馆门口摆放系统入口二维码标识牌,游客扫描后直接跳转至预约服务页面,从而减少用户使用步骤,优化服务体验。

(2) 字体设置。针对操作界面字体较小不适宜老年游客的问题,系统在页面显著位置增加关怀模式入口,方便老年游客进行模式切换,切换后页面字体整体变大变粗,图案较之前增加两倍。

(3) 流程设置。利用微信小程序、支付宝小程序丰富的用户服务体系及各类 AI 识别接口,对用户身份信息提取、身份证号录入等操作进行优化,包括以下内容:① 身份信息提取。通过支付宝用户服务授权,直接提取用户姓名、手机号、身份证号信息,免去用户录入信息的烦琐。② 身份证识别。利用 AI 智能技术,直接识别用户身份证信息,实现用户姓名、身份证号信息的快速录入。

(4)提醒提示。针对老年游客在使用过程中,对不清楚流程,不知道操作步骤,系统进行主动提醒,主要包括:① 进入首页欢迎语音,提示游客已经进入系统页面。② 景区(场馆)名称语音提示。③ 预约成功提示:预约成功,请入园时核销进入;预约信息提示:预约时间、预约景区、预约人数信息;预约失败提示:预约失败,请重新预约;核销成功提示:核销成功,入场时请主动出示此页面;核销失败提示:核销失败,请重新核销或取消预约。

从上述 14 个案例中可以看出,2021 年智慧旅游适老化建设主要聚焦于**消除数字化障碍,通过优化界面设计、简化操作流程、提供线上线下结合的多样化服务**,为老年人群体打造无忧旅游体验。各地通过简化健康码、预约、支付等流程,如增设"无健康码通道"或身份证绑定功能,减少老年游客在进入景区时繁琐的扫码操作的负担。许多平台还提供了适老化关怀版的应用界面,以大字体、大图标、高对比度的设计为老年人带来更好的视觉体验,同时一键操作和语音支持让操作更为简便。线上线下结合的服务成为适老化建设的重要内容,智慧导览系统提供纸质与电子地图互补的导航方式,各地景区普遍保留了传统售票窗口、电话预约和现金支付等方式,方便不习惯使用智能设备的老年游客。通过在线应用和线下志愿者服务点相结合,老年人可以获得综合的一站式帮助。此外,旅游服务系统中还增加了多样化预约、智能化引导和无障碍设施等功能,包括无障碍通道、轮椅坡道、观光车和智能设备等配套设施,为老年游客提供更高的舒适性。景区还通过智能化设施为老年人提供便利,如智慧导览牌、大屏自助查询、智能饮水机等,让他们的出游更便捷、智能。部分景区还推出了虚拟现实和 VR 全景游览功能,特别适合行动不便的老年游客,能够实现身临其境的体验。通过对智能产品的界面设计优化、操作简化和线上线下结合的服务拓展,智慧旅游适老化建设正逐步消除老年人面临的"数字鸿沟",保障他们的出游便捷和安全,提高他们在智慧旅游中的参与感和幸福感。

二、2022 年智慧旅游适老化建设项目名称及案例

1."乐游上海"让老年人共享数字化便利

(1)登录界面改造:制定长者版界面。小程序对交互界面进行了优化改造,

将重点服务功能进行筛选并重新组合,简化为七大功能模块,清晰明了地以大字号大按钮排序在首页,以符合老年人的实际浏览和使用需求。

（2）实现文旅场所无障碍预约。① 提供亲友代订功能,支持家人或朋友在收费文旅场所为老年人实名预订。入场时可以使用身份证、随申码、社保卡等任意凭证,自动查询健康信息,直接入场并核销订单。② 提供免预约入场功能,针对 65 岁及以上的老年人,支持免预约进入方式。有条件的场馆选择该功能后,在文旅场所入口处的智能闸机、文旅数字哨兵或手持终端上刷身份证或社保卡,自动查询健康信息后直接进入。③ 提供快速查询功能,为上海市当前入驻的二百余家文旅场所开通管理员账号,可在后台查询高龄老年人入场情况,配合公安机关或其家人快速寻人。④ 提供汇聚分析功能,通过调用"随申码・文旅"公共服务平台的游客信息统计接口,查询老年人数量较多的文旅场所,为文旅场所进行适老化改造等公共服务提供数据支撑。

（3）提供线上景点讲解服务。"乐游上海"将"当季推荐""微游打卡""非遗拾萃""博物探秘"和"上海老字号"板块中的推送文章和景点路线优化为语音讲解模式(针对视障人士等,字体有明显放大)。"微游打卡"上方显示地图,点击景点序号可直接跳转到该景点的文字和图片说明。

2. "水韵江苏"数字旅游卡提升适老化智能服务

（1）建设文旅场所社会保障卡"一卡通"通道,简化入园入馆核验流程,科学推进"限量、预约、错峰"。以第三代社保卡为载体,对旅游景区和文博场馆的闸机、POS 机具升级改造,使用可读取社保卡内参数的读头;对旅游景区和文博场馆的票务系统进行改造,将读取的社保卡参数,推送至互联互通平台识别以实名身份,数据对接至票务系统,建设文旅场所社会保障卡"一卡通"通道。依托"一卡通"通道简化入园入馆核验流程,引领社保、文旅服务系统衔接兼容、服务平台开放共享、服务信息互联互通。

（2）打造"水韵江苏"数字旅游卡产品。囊括江苏省内 13 个地级市 120 家知名景区,其中 5A 级和 4A 级景区占比 65%,有方便、惠民和多样三大亮点。① 方便:不需要排队买门票,老年人持三代社保卡直接在景区闸机、POS 机刷卡就能入园(支持无卡、有卡、新卡三种模式)。② 惠民:涵盖了全省 120 个优质景区,门票总价超过 6 000 元,分 239、399 两种套餐,可全年无限次畅游;A 套餐 399 元:在 B 套餐基础上,可以从 10 个限次景区中任选 2 个各游玩一次,全部景区门票总价超过 6 000 元。B 套餐 239 元:可在一年内免费畅游省内 100 多个景区。购买后可领取数字藏品。支持直接购买和兑换券两种方式。③ 多样:合作景区类型多样,有自然风光、人文古迹、休闲场地、游乐场馆,还有游船和博物馆等,老年人不论自由行还是休闲游,都能找到适合自己的景区,定制符合自己需要的线路。

（3）建设"水韵江苏"数字文旅综合服务平台（可直接跳转江苏省文化和旅游厅官网）。基于数字旅游卡为起点,建设"水韵江苏"数字文旅综合服务平台,推出更多适合老年人的文旅精品线路产品,上线旅游景区和文博场馆预约服务,子女可代为老人在线预订精品线路、预约旅游景区和文博场馆门票,会使用智能手机的老人也可自行操作。老年人到景区和文博场馆游览参观时,不需要排队,只需带三代社保卡直接刷卡入园,十分便捷。

（4）第三代社保卡一揽子解决看病、出行、旅游、付款任务。基于第三代社保卡的服务能力及"水韵江苏"数字旅游卡拓展的全国景区和文化场馆资源、数字文旅综合服务平台拓展的全国"吃住行游购娱"商户,老年人持卡可在全国各地看病、300多个城市乘坐公共交通、刷卡入景区和场馆、在商户刷卡消费,一揽子解决看病、出行、旅游、付款等需求。

3. "畅游平潭"助力老年人无忧出行

（1）智能语音,辅助老年人规划游线。① "畅游平潭"在整体服务界面中,创新性地使用智能语音识别录入、播报模式,解决了老年人用眼、阅读困难等困扰。针对老年用户吐字不清晰的特点,在语音输入后,实时显示系统识别输入文字,让用户能够直观看到语音输入结果。② 为了提升老年游客游玩体验,"畅游平潭"设置了景区景点语音讲解功能。老年游客在智慧景区模块,选择某一旅游景点,点击"智慧导览"中的景点图标,就能听取该景点的讲解音频,并且可查看此景点的详细介绍信息。

（2）智慧厕所,保障老年人如厕安全。① 系统通过在景区公共厕所铺设物联网设备,并在管理后台系统中添加如厕时长预设阈值。当老年人进入厕所后,当系统监测到如厕时长超过如厕时间阈值后,将及时自动上报景区管理人员进行预警,管理人员在收到通知后的第一时间赶往现场核实情况。有效避免了老年人在如厕过程中因疾病、滑倒等突发情况下,短暂丧失行动能力,无法及时求救带来的危险情况,使老年人在第一时间得到帮助,降低老年人在如厕过程中突发意外的风险。② 实时监测公厕内空气质量及湿度情况,实时向景区工作人员传输数据,提醒清洁人员及时对公厕进行清洁打理。既从源头避免了因地面潮湿可能引起老年游客滑倒的风险,又优化了景区人力分配。

（3）智慧识别,提升老年人游玩乐趣。针对老年人出行喜欢拍照的特点,

"畅游平潭"推出了"趣味识物"功能,老年人可根据服务导航中的功能,点开"识花、识草、识虾蟹"功能,手机会开启摄像头,扫描、识别出对应物体便会弹出物体的介绍。该功能在满足了游客科普知识乐趣之时,同时又给老年朋友带去了便利,提升了旅游体验感。

4."一卡通游"宁波智慧文旅积极服务"银发一族"

(1)一卡核销。"一卡通游"成为文旅企业售检票系统与以浙里办(浙里好玩)、景区自由购票系统、主流 OTA(携程、美团、抖音、飞猪等)平台为代表的 C 端购买平台的中间桥梁,由文旅一卡通游系统实现文旅企业产品数据与 C 端购票平台数据双向实时互通。同时,"一卡通游"与社保卡/身份证接口打通。老年人在宁波出游,能够通过刷社保卡/身份证直接入园,无需换票或者依赖手机操作。同时,依旧支持传统换票刷票入园、刷电子票二维码核销入园。不仅为老年人提供了便捷,也为游客提供了更多选择。不同人群能够根据自身需要选择核销方式。

(2)多码合一。"一卡通游"与健康码接口打通,用户购票时调取实名健康码信息,核验通过后可购票,实现票码、身份码、健康码多码合一。老年人持社保卡/身份证即可同时核验门票与健康码,无需分开操作,提高老年人操作的便利性。

(3)一卡通游。"一卡通游"跨越景区内部景点串联模式,推出"景区＋景区"、"景区＋博物馆"、"景区＋公园"等各种产品自由组合功能,支撑宁波旅游年卡、公园年卡等旅游卡形式,老年人持一张社保卡/身份证在可用时段、可用范围内无限次畅游,无需多次购票、无需繁琐操作,刷卡即入。

(4)"限量、预约、错峰"。如何保障老年人舒心、安全出游至关重要。安全出游需重点关注客流问题,避免因客流拥挤造成老年人出游安全问题。"一卡通游"通过建设宁波景区分时段预约,实现散客在景区的分时段预约功能。能够有效控制人流管理,为老年人创造较为安全的出游环境。

5.扬州瘦西湖打造智慧适老新模式

(1)打造"互联网＋"服务平台,推出一站式服务模式。① 景区打造了数字化的管理平台,通过积累游客大数据,进行后台数据分析,对老年游客的个性化需求开展有针对性的旅游推介、旅游服务。② 设立电商平台在线客服,实时与游客保持互动沟通,并能有针对性地、快速高效地解决游客咨询、诉求、求助等事宜,让老人第一时间了解园区动态。③ 充分利用大数据信息和瘦西湖公众号、小程序等线上平台,为老年游客提供景区内位置服务、票务服务、缩略地图、园内紧急救援信息等内容,涵盖"食住行游购娱"六大方面,满足老年游客全方位、个性化的旅游服务需求。对于自驾前往的游客,还可通过服务号了解景区周边的停车情况,实现基于实时定位的导览、导航、求助等一键式服务,实现旅游服务"一机游"。

(2)瘦西湖公众号、小程序。结合智慧景区打造,瘦西湖联合中国电信、中国移动铺设园区 5G 网络,覆盖率达到 97.26%。今年景区利用 5G 网络的覆盖,结合夜游项目的开展,开发并推出夜游电子导览、语音讲解,扫描二维码即可进入电子导览。① 导览界面干净清爽,层级菜单设置合理,采用可调节字体大小和简单易懂的图示,简化了操作的流程,让老年游客可以根据自己的兴趣点,快捷找到所需内容。② 沿途自动语音播报,在游览中同步播放讲解词,让老年游客可以沉浸在瘦西湖夜游十大篇章的各项演出中,领略瘦西湖夜游的美,让游览过程更加"丝滑",真正实现一部手机玩转夜游。

(3)完善设施设备,提供多样化购票方式。在景区智慧旅游服务区大厅均设有针对 60 岁以上 70 岁以下半价优惠的老年人咨询窗口和现金、网上支付自动售票机,老年人携带身份证和现金即可在工作人员的协助下完成购票;70 岁以上老人可直接在检票口闸机刷验身份证入园。景区采取的线上、线下联动购票方式,解决老年游客的预订难题。

(4)优化景点讲解模式,实行线上线下双重导览体系。① 在全国景区首创"瘦西湖导游线上预约"系统,建立"瘦西湖讲解员"导游服务平台。推出导游线上预约、语音搜索等服务。游客通过虚拟导游可以深入了解景点的文化内涵(收费)。② 在智慧旅游服务区内设有自助导游讲解机,为老年游客提供直观、清晰的电子讲解服务。③ 在瘦西湖公众号内设有免费语音讲解服务,老年人可以根据实际情况,选择合适的讲解服务。多元化讲解服务满足不同老年群体的需求,让老年群体感受到智能服务带来的便利,提升老年人景区游览乐趣。

(5)以智慧化手段织密网格,保障老人安全服务。打造智慧化应急指挥调度系统,构建景区"4 分钟应急救援圈"。依托瘦西湖应急指挥中心,集成实时监控、调度、应急广播、智能定位对讲等系统,联动景区派出所、瘦西湖特勤队、瘦西湖医务室等力量,形成了一张全园覆盖、职责明确的安全网,同时,通过"警景联动",联合应用"扬州旅游警察实战应用平台",根据 LBS 人流量监测系统,对人员密集、可能对老年人造成危险的区域、点位加大执勤力量,增加监控、应急医疗等资源和设施投入,共配备监控 300 个、应急广播 32 个、5G 定位对讲机 105 个等。

6. 泉州清源山适老化项目助力老年人共享智慧文旅

(1) 人脸识别入园。通过人脸识别入园系统,解决了老年人检票难、入园难的问题。在闸机只需刷身份证或门票便可通过检票入园,既方便又快捷。也支持现金买票、优先通道等,无需长时间排队,还可通过办理年卡直接刷脸入园,结合票务系统按景区门票政策,超过规定年龄可自动识别免费入园,通过人脸识别技术确保人证合一。同时还有体温监测功能,极大方便了老年人入园。

(2) 智能导览助力游玩体验升级。① 地图查看:手机端设置了全域电子地图浏览功能,游客可以放大缩小地图、查看清源山整体区域范围、查询在地图上所处位置等。② 语音讲解:针对部分老年人查阅出游信息不方便等问题,智慧旅游导览系统设置了景区景点语音讲解功能。老年人在查看手绘版电子地图时,选择某一旅游景点,直接点击图标进入详情页,点击"语音讲解"图标,就能听取该景点的讲解音频,并且可查看此景点的详细介绍信息。语音讲解功能与景区导览功能实现交互,提升了老年人的体验感。

(3) 智能报警灯杆。在游玩过程中遇突发状况,如景区寻人、景区火灾、治安事件、突发受伤、交通事故等情况,通过在灯杆、垃圾筒、厕所安装一键 SOS 报警装置,老年人可通过触动一键求助紧急按钮,将警情上报到监控中心,及时通知管理人员应急处置,智慧旅游运行指挥中心收到告警信息便会根据智能设施定位,进行救助。通过快速捕捉老年人在景区的危险状况,实现监测警告,联动周边显示系统和广播系统,实现从监测、预警、分析、决策、指挥等环节的全流程化管理,建立统一指挥、功能齐全、便捷高效的管理和指挥平台,保障了老年人出行游玩安全。

7. 惠州旅游年卡让老年人舒心"慧游"

惠州旅游年卡统一售 200 元每张,有效期 1 年,有效期内,用户可到纳入年卡平台的景区、景点、影院、餐饮场所或文旅商家免费游玩。平台目前纳入的景区包括惠州市域内的大部分 A 级旅游景区、餐饮、影院等 20 多家,一张年卡包含的游玩项目价值 10 万多元。

(1) 系统页面适老无障碍。① 针对适老化应用,系统简化了使用流程,字体默认为大字号,取消了所有推送,优化了页面风格。② 系统同时开通了老年人专线座席,首次拨打平台热线的,只要来电者说明是老年人,系统会自动收录电话号码,下次来电将自动接入老年人专线座席;若已经购卡的老年人,系统会根据购卡时填写的信息,自动判定是不是 60 岁以上的用户,同时分配接入客服座席。③ 惠州旅游年卡平台依托了普及度最为广泛的微信端,以微信公众号为载体,用户在微信公众号搜索"惠州旅游年卡",关注公众号后即可自主购买,若购买后发现平台内的景区不喜欢,还可 7 天内无条件退款。具体购买流程只需三步:关注公众号→上传个人信息实名→付款即可。

（2）客服适老无障碍。惠州旅游年卡平台设有客服部、技术部、商务部、行财部等专业运营团队。① 如遇不会操作的老年人购买,运营机构可提供专人上门服务。② 子女也可为父母绑定家庭卡,绑定后,父母即可随时到景区刷脸游玩。③ 运营机构还不定期在各区县组织老年人乘坐专班汽车,到指定的景区游玩,费用由运营机构承担,全程不购物、不推销。④ 老年人专班采取预约制。商务部将拓展更多适合老年人游玩的商家入驻平台,提供更多适老化产品。

（3）入园适老无障碍。用户到纳入平台的景区游玩无需支付费用,景区收益由年卡平台结算。年卡的使用提供三种核销方式,老年人入园极其便利。① 人脸识别核销:用户到景区后,告诉入园处自己是惠州旅游年卡用户,入园处会用年卡平台提供的核销设备识别用户入园,部分景区还设有惠州旅游年卡专用通道。② 身份证核销:惠州旅游年卡采用的是实名制发行,用户可以持身份证到景区核销入园,用户只需将身份证在核销设备上"滴"一下,即可核销入园。③ 二维码核销:平台会为每个用户在微信端生成一个专属二维码,用户到景区后向景区工作人员出示二维码,工作人员用核销设备核销后即可入园游玩。

8. 山东曹州牡丹园景区智慧适老提效能

（1）智慧入园系统。曹州牡丹园共三个大门,每个大门提供线上、线下两种入园方式。① 直接刷身份证入园,60 岁以上老年人均可持本人身份证直接刷证免费入园,无需核验,实现无障碍入园。② 线上预约,直接刷码,一个步骤实现实名验证和刷卡通行双服务,简化预约流程便捷入园。

（2）"健康码"老年人代办服务。① 线下在大门、游客服务中心、各场馆等设有志愿者服务点,提供代办健康码绑定服务。② 同时在景区大门设有"无健康码通道",做好服务引导和健康核验。③ 优化多功能核验工具,在景区内老年人只需刷身份证即可自动读取关联信息入场。

（3）智慧导览系统。游客通过"曹州牡丹园景区"公众号、微信小程序,可实现在景区内的智慧导览。曹州牡丹园景区占地 1 200 亩,面积较大,为进一步做好智慧化适老服务工作,景区开发了智慧导览系统,一部手机实现语音导览、路线选择、厕所提示、出入口提示、游客服务中心位置提示等内容,操作简单、便捷,适于老年人使用。同时,在老年人无智能手机或不会操作的情况下,景区所有道路在关键位置设有户外电子导览图,可实现"一键语音查询"、语音播报等功能。

（4）保留景区窗口多元化支付方式。在景区全面推广移动支付的同时，在售票处保留支持现金等多渠道支付方式。

（5）线上线下讲解服务相结合。在开展线上语音讲解服务的同时，景区配有线下讲解专门团队。目前景区是菏泽职业学院旅游系实训基地，通过与高校的合作，培养一批景区优秀讲解员，在景点、场馆、游客服务中心等场所，对老年人提供线下讲解服务，为老年人景区游玩提供便捷服务。

（6）设有老年人志愿服务点。为帮助老年人更好地使用智慧化服务，在检票点、游客服务中心、各场馆、志愿者岗亭等场所设立志愿者服务点，为老年人主动提供服务。① 在停车场、各检票口前增设预约引导牌等。② 增加专属引导员、志愿者服务，全程协助老年人预约、购票或刷身份证件，减少在检票口滞留情况，提高有序入园能力

9.“一码游贵州”全域智慧旅游平台适老服务弥“鸿沟”

（1）数字监管保障老年人出行安全。“一码游贵州”平台打造旅游电子行程服务系统，推行旅游团队电子行程单、旅游电子合同，对景区景点、旅行社、导游、旅游购物场所等团队旅游中的关键要素进行全过程实时监管，防止在游玩过程中，老年人被强迫购物等现象发生，保障和维护游客及经营者合法权益，推进旅游行业监管服务智慧化。同时，在“一码游贵州”平台上提供面向游客的旅行社、导游、电子行程信息等公开查询服务，确保老年人出行全过程信息透明清晰、放心消费。

（2）“代预约”提高老年人入园的便利性。“一码游贵州”在上线初期就统一全省景区预约通道，并率先在平台上打造“预约黔行”分时预约系统作为省级官方景区预约渠道。平台上线两年多的时间，针对老年人的需求不断优化功能，例如手机操作不便等问题专项设计“代预约”功能，家人、朋友可帮助代为预约。对于老年人而言，可直接使用电子预约凭证快捷进入景区，入园时只需扫描一个二维码即可快速入园，流程简单易操作。

（3）公共服务提升老年人智慧旅游体验。“一码游贵州”平台针对老年人使用习惯，不断优化电子地图、厕所查询、语音导览等功能，老年人在出游过程中可随时使用一码游小程序了解景点介绍、位置信息、线路情况等。另外，平台还设置了“一键报警”“一键救援”功能，让老年人马上知悉自己所处的地理位置，立刻查看附近的医院、派出所和消防站等，保障出行安全。“一码游贵州”平台还加强与广大景区和文化场馆的合作，设立专人在区域内为老年人提供扫码、资讯等服务，落实信息引导工作，多项公共服务功能全面触达老年人，努力提升老年人智

慧出游的体验感。

（4）文化旅游数据丰富老年人资讯。"一码游贵州"平台已接入 A 级以上景区 817 家，入驻商户 6.2 万家，酒店（含民宿）4.9 万家，累计上架超 2.8 万种特色商品，同时平台采集全省各地非遗文化、乡村旅游、出行攻略等文旅信息，以一站式咨询服务广纳海量的数据资源，老年人可通过微信快捷登录一码游小程序，无需下载和安装，实时查询全省 9 个市州和 88 个区县相关信息，方便获取包含地址、简介、票价、联系电话等信息。

（5）适老化产品优化老年人消费场景"一码游贵州"积极引导各类文旅企业、机构等提供更多适老化智能产品，联合旅行社、特产商户等推出一系列老年人专项旅游产品和免票等优惠政策，旨在为老年人提供更为优惠划算的服务。2022 年以来，平台继续为老年人推出一系列形式多样的营销活动，顺利服务和保障以贵安樱花园、百里杜鹃为代表的贵州春季"赏花季""五一""十一"黄金周等老年人旅游出行，上架老年特惠门票、景区直通车、游线电瓶车等商品，并重点筹划即将到来的温泉滑雪季。平台还举办多场省级和各市州文旅消费券活动，丰富康养、度假、红色等产品类型，刺激老年消费市场，同时积极联动企业定制化打造一批高质量的老年旅游专线和旅游商品，如老年活动门票、夕阳红旅游线路、老年养生礼包等，保障老年人的文化权益。

10."游新疆"平台助力老年人乐享数智旅游

（1）一键拨号投诉。"游新疆"平台向老年人提供一键拨号服务，在投诉入口集成了全疆 14 个地州的官方旅游投诉电话，一键即可拨号投诉。无需填写任何信息，省去了传统的线上投诉需要填写信息的繁琐步骤。基于实时定位技术，进入投诉功能后即自动推送所在地投诉电话，无需进行查找搜索等，为老年人旅游投诉提供了极大的便利，促进新疆旅游服务质量升级。

（2）金牌解说。"金牌解说"是"游新疆"平台为游客推出的 24 小时在线解说和导游导览服务，以手绘地图的形式向老年人提供可视化的位置显示。目前已经上线了主要 5A 级景区和 4A 级景区，通过景点的语音讲解，能够使老年人通过画面与语音结合的方式更加便捷地浏览景区浏览全貌。

（3）一键救援。一键救援功能通过精准实时定位游客地理位置，展示距离游客位置最近的派出所、医院等关键信息，可一键跳转进行导航，如遇到紧急问题，也可通过该页面醒目的救援图标进行一键拨打救援号码进行求救，为老年人出游增加了一道安全保障。

从 2022 年智慧旅游适老化建设的 10 个案例可以看出，2022 年智慧旅游适老化建设主要集中在通过**数字化手段提升老年人出游的便捷性、安全性和体验感**。各地的智慧旅游项目,积极采用适老化设计,推动了服务流程的简化和智能化,解决了老年人在旅游中的多项实际困难。例如,"乐游上海"通过改造数字平台,优化了老年人使用的界面设计,简化了预约和入园流程,还推出了语音讲解等服务,增强了老年人游玩时的便利性和体验感。类似的,"水韵江苏"通过社保卡"一卡通"通道,简化了景区的入园和支付过程,此外,开发了数字旅游卡和综合服务平台,支持老年人通过代为预约等方式方便出游。平潭、宁波和扬州等地的项目也通过智能语音导航、智慧厕所、安全监控等系统提升了老年游客的舒适度和安全性。同时,针对老年人出游时的健康和安全问题,多项项目通过设置紧急求助系统、优化厕所设施等举措,提升了老年游客的安全保障。比如,平潭景区设置的智慧厕所,能够实时监控老年人如厕时长,及时报警防止意外情况发生;泉州清源山景区则通过人脸识别和智能导览,简化了入园手续,增加了导览和紧急报警服务,为老年人提供了更为便捷的游玩体验。智慧旅游适老化的重点还包括提高信息的可访问性和服务的个性化。例如,惠州旅游年卡和山东曹州牡丹园的适老化改造,均结合了线上与线下服务,通过无障碍的支付、预约、导航等功能,使老年人能够更便捷地享受旅游服务,同时也通过定制化的导览、讲解等提升老年游客的文化体验感。

三、2023 年智慧旅游适老化建设项目名称及案例

1. 旅游综合服务平台长辈模式解决方案——云南腾云信息产业有限公司

平台旨在利用物联网、云计算、大数据、人工智能等技术,深耕智慧化旅游体验,为云南打造一个智慧、健康、便利的省级全域旅游生态。具体到"长辈模式解决方案","游云南"App 通过前期大数据分析和市场调研,聚焦老年人使用的高频服务场景,仅在常规版基础上保留了老年人最常用的两个功能——"游玩助手"及"旅游保障"。其中,在"游玩助手"模块中,发现老年群体对云南丰富多样的花花草草比较感兴趣,因此把拍照识别植物的功能加入其中,方便老年人快速使用。另外,在"旅游保障"模块,同样基于市场调研,发现老年人在旅游过程中因为信息鸿沟、沟通障碍等原因,对服务保障质量要求较高。因此在该板块中融入热线咨询、服务投诉、商品退换货和紧急呼叫等功能,最大限度地满足老年人在保障方面的需求。

2. 景区门票适老化解决方案——天津西瓜旅游有限责任公司

应用了大数据分析、用户画像识别、OCR 识别、智能推荐等技术。方案包含

关怀版预约流程和适老化通道以及现场服务。其中关怀版为老年游客提供字体更大、交互更简单的预约流程,最短只需一步即可完成预约。通过用户行为、手机字体设置、用户画像等数据精准识别老年游客并展示关怀版,同时也通过铺设关怀版物料、配备服务人员等方式引导老年游客使用关怀版。对于操作手机存在困难的老年游客,提供专属通道和专属服务,帮助老年游客快速入园。除此之外,关怀版还提供了信息预填、OCR 识别身份信息、三码合一/三码同屏(自动校验健康码信息)等功能,并建立了用户反馈机制,及时收集用户在使用过程中的问题,持续优化产品,提升老年游客的游玩体验。自美团门票提出适老化解决方案并上线以来,累计超过 2 500 家景区使用关怀版购票流程,1 200 多个景区完成了社会化服务人员适老化培训,70 余家景区铺设了关怀版物料以及"爱心通道"。

3. 旅游目的地线下基础设施适老化改造解决方案——中智游(北京)科技有限公司

针对老年游客群体特点,以智慧文旅技术和基础设施为支撑,通过线下服务平台、线下基础设施的适老化改造,加强旅游服务产品在适老化方面的提升,帮助老年人跨越"数字鸿沟",享受数字时代带来的便利。整体优化交互界面,提供相关应用的"关怀模式""长辈模式",使用"大字体、大图标、简单界面",同时增加读屏兼容和字幕配载等功能,将无障碍改造纳入日常更新维护,使其更便于老年人获取信息和服务。提升网络消费便利化水平,在目的地移动服务平台中,优化用户注册、银行卡绑定和支付流程,便利老年人进行"吃住行游购娱"等旅游消费;同时提供技术安全措施,保障老年人网上支付安全。目的地适老化改造和提升,将推动各项传统服务兜底保障到位,切实解决老年人运用智能技术最迫切问题,切实满足老年人基本需要。在老年人的出行、消费、文娱等服务场景下,让老年人享受智能化服务更加普遍,传统服务方式更加完善。

4. AI 适老智慧化公园解决方案——北京百度网讯科技有限公司

结合公园的特点,引入无人驾驶观光车、智能语音亭、智慧步道、VR 导览、智慧灯杆等 AI 应用,打造智能化公园游览体验,为智慧公园提供汇聚数据、指导决策、全面服务的适老化服务。在海淀 AI 公园的建设中,阿波罗无人驾驶观光车、智能语音亭、智慧步道、VR 导览、智慧灯杆、AR 太极、AI 武术、钢琴步道、人脸储物柜等应用,让公园游览更加智能化。公园自动驾驶接驳车完成景区内自动接驳,提升了游园体验;智能语音亭与游客进行 AI 智能语音交互,提升游客兴趣;智慧步道统计运动信息,用科技引领全民健身运动。

5. 惠州市罗浮山以智能加减法赋能老年旅游案例——广东省罗浮山风景名胜区管委会

"刷脸"一秒入园、"吃住行游购娱"一站式旅游导览,这是罗浮山景区进行适老化改造后,带给老年人的出游便利。随着智慧旅游服务的广泛应用,罗浮山于2022年底启用新升级的智慧票务系统,在预约、购票、核销操作上做减法,通过线上线下多渠道购票分流、现场工作人员辅助购票,解决老年人购票难、排队难的问题。同时,在旅游服务供给上做加法,完善智慧游览功能,实现 VR 全景语音讲解、一部手机游罗浮,整合罗浮山及周边景区景点、酒店民宿、餐饮美食、土特产品和活动资讯等文旅资源,解决老年人出行"攻略难"的问题。

6. 固原市六盘山红军长征旅游区适老化建设项目——宁夏丝路风情网络科技股份有限公司

"固原市六盘山红军长征景区适老化建设项目"主要通过问卷调查和用户反馈等方式,了解老年游客对适老化语音讲解、服务基础设施等的满意度和改进意见。项目建设引入了智慧导览系统,设置专用办理通道、专门售票窗口和自动售票机、智慧厕所等,进一步完善了景区的适老化及智慧化建设,解决了老年人因听力衰退、视力下降、记忆力减退、行动不便、排队等待时间长等因素导致的体验感差等问题,提高了老年人的旅游便利性。

7. 携程"老年关怀"版预订服务系统案例——携程集团

技术层面:携程为了能够更好地服务于老年群体,上线了字体更大、界面更简洁的关怀版 App,更适宜老年人操作,而且将客服电话放置在显著位置,便于老年人获取一对一服务。2023 年,携程积极响应"随申无碍"工作号召,在原关怀版"大字"改造的基础上,进一步开展"聚合入口"改造,经过优化后的关怀版聚合入口,不仅保留了字体大、对比度高的特征,还集中筛选和展示了携程最新的适老产品和服务。

产品层面:为了能够更好地服务于老年群体,携程于 2023 年下半年成立了"携程老友会"新品牌,专注于 50 岁以上银发族,为他们带来高性价比、高品质的旅游体验。同时,携程推出最新视觉版的"老友会出行特权卡",其涵盖了 6 项普适老年旅游群体的权益,其中包括有火车票优先下铺选择、火车票光速抢票、机场快速安检等。该权益卡搭载友好的一键下发功能,只需要老年人完成简单的认证操作,就能直接免费发放给他们的携程账户中。

服务层面:携程积极参加线下适老宣传推广活动,帮助更多银发族学习使用智能产品,倾听更多老年群体对于出行服务的想法和意见。在虹桥艺术中心的蓝马甲助老集市活动现场,携程项目组以面对面交流的形式,收集老年出行的痛点和诉求,把老年用户真实的需求反馈到适老旅游产品的设计和完善中。同时,携程受邀上海教育电视台,上线智慧助老栏目《银发 e 学堂》,通过"银发数字体验官"现场真实体验,围绕如何使用智能手机来操作携程 App 等实际演示,来帮助更多银发族去深入学习使用智能产品。

8. 南方航空 App 适老化改造——南方航空

为提升老年人出行满意度,助力老年旅客跨越航空出行的"数字鸿沟",南方航空公司对 App 进行适老化改造,推出"长辈版"简洁模式。改造后的 App 界面更清晰、诉求更突出、功能更便捷、服务更快捷。通过调研,南航 App 长辈版响应中老年人"界面要简、图文要大"的诉求,同时,去除广告、弹窗、插件等使用频率较低的功能,将服务聚焦在机票预订、生成订单、航班动态功能,并设置了"帮助"按钮,可一键电话联系客服。

9. 徐州市泉山区"贴心向导"——泉域旅游

(1)"好找+好用"双原则好找。多点位布局,全域覆盖。智慧旅游导览牌的建设紧密结合辖区旅游资源分布现状和老年游客需求,合理设计点位并进行安装,实现重要点位全覆盖,方便老年人及时就近使用。好用:全要素呈现,功能齐全。智慧旅游导览牌右侧设置电子触摸导览大屏,构建景点导览讲解、周边服务查看、目标位置导航等功能为一体的导游导览系统,功能全、屏幕大、字体大、便于老年人点击查阅。

(2)"线上+线下"双渠道展示触摸屏+手机屏。导览系统与手机端"掌上游泉山"互联互通,老年人可以利用手机端进行查询,解决了老年人多跑路和行动不便的难题。纸质地图+电子地图:智慧旅游导览牌主体部分保留了全域全景纸质地图,方便老年人查阅旅游要素。同时在触摸屏和手机端设置了全域电子地图浏览功能,老年人在游览泉山时,可以通过线上线下多渠道、多元化地享受到泉山智慧旅游服务。

(3)"语音+图文"双感官呈现语音讲解。针对部分老年人视力障碍等问题,系统设置了景区景点语音讲解功能。老年游客可点击"语音讲解"图标,听取该景点的讲解音频,提升老年游客体验感。VR 全景:针对老年人体力精力局限等问题,开发了"VR 游泉山"虚拟旅游功能,充分满足老年游客身临其境感受景点全景的需求、丰富现场体验效果。

10. 丽江古城景区——丽江古城管理有限责任公司

(1)智能急救站不仅向游客免费提供止血、包扎、小伤口处理用品,还提供自动体外除颤仪、轮椅、担架等医疗器械。它属于丽江古城智慧服务体系 7 个方面之一。

（2）视频智能分析系统实时对人脸、衣着、行为等 18 项特征进行分析，实现了对重点关注人员，特别是走失老人、儿童的快速查找，大大提升了公共安全防范和服务能力.

11. "故宫博物院"小程序智慧开放试点项目——故宫博物院

无障碍服务创新。AI Lab 的"图像描述生成"技术，优化完善无障碍体验，增加图像语音即时描述功能。解决了地图上建筑无障碍形态下的播报问题，以实现地图元素在无障碍场景下的焦点顺序语音播报以及点击语音播报等。帮助视障人群实现了可通过声音读取地点、道路、推荐路线、景点讲解等内容，使视障人群能够与普通用户一样，无障碍地享受地图服务。另一方面，故宫结合轮椅外借服务与无障碍通道查询，为不方便步行的人群智能规划路线。

从以上 10 个案例中可以看出，2023 年智慧旅游适老化的建设重点主要**利用了物联网、人工智能、大数据等技术手段，改造提升老年群体的旅游体验与便利性。**多个项目采取了智能化手段，结合老年游客的特定需求，优化旅游服务，确保老年人在旅游过程中享有更高的舒适度与安全性。在智慧旅游服务平台建设方面，项目如云南"游云南"App 长辈模式通过数据分析，专门为老年人量身定制"游玩助手"和"旅游保障"功能，加入了植物识别、热线咨询等功能，解决了老年人在游玩时的技术障碍与信息沟通难题。类似地，携程通过"老年关怀版"App 优化界面设计，提供大字体、简洁操作，以及一键客服电话功能，进一步降低老年人使用的门槛。景区门票适老化解决方案也是一个关键方向，美团通过大数据与智能推荐，精简预约流程，为老年游客提供了简化版预约系统和专属通道，解决了他们购票和入园的难题。同时，多个景区也在基础设施上进行适老化改造，如增加大字体、大图标的触摸屏、语音讲解系统和无障碍设施，帮助老年游客克服视力、听力等生理障碍。此外，公园与旅游目的地的智慧化改造也受到重视，例如海淀 AI 公园引入智能语音亭、无人驾驶观光车等设备，提升了老年人的互动体验与游览便利。为进一步提高安全性，丽江古城等景区配备了智能急救站与视频监控系统，加强了对老年游客的关怀与保护。

四、2024 年智慧旅游适老化建设项目典型案例

1. 指尖上的呼伦贝尔　智慧文旅温暖"银龄"

小程序深度整合了大数据和人工智能，针对老年人的使用习惯进行了细致

的设计。首先,通过大字体和高对比度的视觉设计,保证了信息的清晰易读,为视力逐渐衰退的老年群体提供了无障碍服务。简化的导航结构和操作流程,使得老年游客能够轻松上手,快速找到所需的旅游信息。

该小程序还引入了 AI 语音指令功能。老年游客只需语音输入,即可获取旅游信息和服务预订,极大地减少了对操作界面的依赖。例如,当想要查询景点信息或预订酒店时,老年游客只需对着手机说出相关指令,小程序便会快速响应。这种人性化的设计不仅提升了用户体验,还鼓励了老年人更加积极地参与到数字生活中。

在数智赋能方面,小程序还设有便捷的投诉与建议渠道,确保老年游客在遇到问题时能够快速反馈和寻求帮助。此外,鉴于老年游客对安全的高需求,小程序特别增加了一键救援和坐标拾取等功能,以保障他们的出行安全。这样的安全设计,无疑让家属和老年游客倍感安心。

小程序还积极探索元宇宙的适老化应用,开发了"草原古城"的文旅元宇宙体验入口,让无法出行的老年游客也能透过虚拟现实技术享受草原的辽阔和人文魅力。此外,小程序中的文物展示和读书板块,通过 3D 技术呈现珍贵文物,满足了老年游客对文化教育的需求,真正实现了智慧文旅与老年人生活的无缝连接。

2. 上海"Hello 老友亭"助力老友乐享城市游

上海"Hello 老友亭"是一批经过改造的新型数字公共电话亭,旨在为市民提供多样化的便民服务。这些电话亭不仅保留了传统的插卡通话功能,还通过电子屏幕和各种服务模块,实现了多种数字化服务。主要可以实现以下几个功能。① 通话功能:老友亭保留了传统的插卡通话功能,并且每 30 分钟内同一号码可享受 3 分钟免费通话。② 数字服务:亭内设有电子屏幕,提供"一键叫车""15 分钟生活圈""养老金查询"等功能。用户可以通过刷脸、身份证或社保卡等方式,查询并预约挂号指定医院科室、查询养老金到账信息等。③ 应急服务:亭内设有 24 小时监控设施,保障用户的通话环境和隐私安全。此外,还有"一键通"服务,老年人可以通过按钮呼叫人工客服,获取助老政策咨询、预约就医等服务。特殊人群服务:老友亭还为聋哑人群提供了"12345 视频手语"服务,方便他们通过视频通话与客服交流。④ 其他服务:亭内还设有免费充电插口、AI 照相馆等功能,提供手机充电、AI 卡通化拍照等服务。目前,上海已有 600 多个"Hello 老友亭",分布在城市的不同区域,为市民提供便捷的服务。这些电话亭不仅在功能上进行了升级,还在外观设计上采用了时尚的配色和设计,成为城市的一道独特风景线。

3. "下扬州"平台提升适老化智能服务

该项目汇聚 8 万多条扬州旅游攻略和 1 万多个扬州兴趣点、活动信息,结合阿里云"通义千问"1 400 亿参数,搭建扬州文旅专属行业模型,集成全域旅游、实时动态、季节变化、住宿和餐饮等核心文旅服务,满足不同类型的老年用户需求。通过对海量旅游数据的分析,可预测老年用户的旅行偏好和行为模式,为文旅产品设计、产品推广营销等环节提供计算分析支持,为老年用户群体提供更加贴心、个性化的服务。针对老年游客阅读不便的困难,以 AI 大语言模型为核心,开发超写实数字人,实现 24 小时无间断在线咨询,实时解答老年游客关于旅游景点、路线规划、住宿餐饮等各类问题,帮助老年游客轻松获取扬州的美食、景点、文化活动等信息,享受"一对一"的智能旅游管家式服务。数字人形象生动、富有亲和力,具备文本、语音等交互方式,为老年游客提供智能互动新体验。同时,该项目还建立快速响应机制,以提升数字文旅服务效能。建立以游客为中心的服务理念,设置志愿服务、投诉咨询等模块,定期收集用户反馈,对服务进行持续优化。

4. 黄山 AI 旅行助手助力老年人出游新体验

黄山 AI 旅行助手通过便捷的语音交互、全天候的客服服务和个性化的推荐功能,极大地改善了老年游客的旅行体验。首先,黄山 AI 旅行助手通过融合大模型运算与语音交互的"智能购票"系统,能够精准识别游客需求,匹配适合的票种组合,提供一站式多票种和一键购票的便捷服务。这对于不擅长使用电子设备的老年人来说,极大地简化了购票流程,减少了操作难度。其次,全新升级的AI"智能客服"实现了 7×24 小时无间断服务,即时响应游客并提供完整准确的应答信息。这种全天候的服务模式,确保了老年游客在任何时间都能获得帮助,解决了他们在旅行中可能遇到的各类问题。此外,黄山 AI 旅行助手还通过"空间大模型"提供个性化推荐,有效助力黄山旅游官方平台实现交易量增长,推动了平台整体交易额的提升。这种个性化服务不仅提升了老年游客的满意度,还让他们在旅行中获得了更多的便利和乐趣。

5. 台儿庄古城以智提质助力老年人畅游无阻

台儿庄古城通过"一部手机游古城"的智慧旅游平台,将游客出行的吃、住、行、游、购、娱等要素整合到平台上,使得老年游客可以通过手机解决出游前、中、后的各种问题,极大地提升了老年游客的体验和满意度。智慧旅游平台的具体功能如下:① 平台整合了游客出行的各项服务,包括购票、住宿、餐饮、交通等,老年游客可以通过手机轻松完成这些操作。② 平台提供智能导览服务,老年游客可以根据导览信息轻松找到景点,避免迷路。③ 支持多种支付方式,方便老年游客进行消费。④ 平台还提供应急服务,如紧急求助、医疗救助等,确保老年游客的安全。

6.西夏陵打造老年友好型景区

景区启动了一系列以老年游客为中心的改造工程,主要内容如下:① 改造景区配套设施,助力老年人畅游无忧。通过数字化虚拟现实等技术,帮助老年人可以近距离、全面领略到西夏陵景区旅游资源分布点的独特风光,为下一步精准出游提供思路;根据语音讲解功能随时为老年人提供当前景点人文历史等信息,可按照老年人需求随时进行回放重听等,提升老年人旅游舒适度和愉悦性。② 制定专属服务制度,保障老年人旅游安全。针对老年人行动不便、身体状况不佳等特殊情况,定制老年人专属服务,多维度保障老年人旅游安全。包括提供智能讲解器、共享轮椅和雨伞等设施设备,确保老年游客在景区内自由游览,享受个性化体验。同时,保留人工服务,在咨询台提供旅游咨询和行李寄存服务,专人为老年游客提供帮助。此外,西夏陵定期举办文化活动和讲座,邀请专家讲解历史,提供观影和木活字印刷体验,以满足老年人精神文化需求,丰富其旅游体验。③ 制定专属服务制度,保障老年人旅游安全。为让老年人安全游玩,西夏陵景区依托信息化、数字化平台,打造智慧化应急指挥平台。景区监测平台实现 24 小时联防联动,通过在灯杆、厕所、电梯安装一键 SOS 报警装置,老年人可通过触动一键求助紧急按钮,将警情上报到监控中心,及时通知管理人员应急处置,智慧旅游运行指挥中心收到告警信息便会根据智能设施定位,进行救助。此外,景区在各区域内张贴爱心热线,并放置 AED 急救设备,配备专业的医疗人员,提供及时医疗救助服务。

从以上的 6 个案例中可以看出,2024 年智慧旅游适老化建设的工作重点主要集中在提升老年游客的**出行便捷性、保障安全、增强互动体验和文化服务**四个方面。首先,出行便捷性是核心,通过智能化技术(如语音识别、数字平台整合等)简化操作流程,帮助老年游客轻松获取旅游信息、预订服务、支付费用等,减少对传统设备的依赖。例如,"指尖上的呼伦贝尔"小程序通过 AI 语音指令和简化界面设计,确保老年人能够轻松操作;台儿庄古城的智慧旅游平台则通过手机一站式解决"吃住行游购娱"的需求。其次,安全保障成为适老化设计的另一重点,许多景点增加了紧急求助、健康监测和智慧应急系统,如西夏陵景区通过一键 SOS 和 24 小时监控确保老年游客的安全。第三,互动体验也是提升游客满意度的重要方面,诸如"下扬州"平台的数字人形象,结合 AI 技术为老年游客提供 24 小时智能管家服务,增强了互动感和亲和力。最后,文化服务方面,一些景区如西夏陵和"指尖上的呼伦贝尔"积极探索虚拟现实和文化活动的结合,通过数字化展示和定制化服务满足老年人对文化教育的需求。总体来说,智慧旅游适老化建设注重通过科技手段提升老年游客的便利性、安全性和文化享受,实现了智慧技术与老年人需求的精准对接。

根据上述的 2021—2024 年智慧旅游适老化案例分析研究可得,从 2021—2024 年,智慧旅游适老化建设在不断创新和完善,每一年的工作重点和突破都为老年游客的旅游体验提供了更便捷、安全和愉悦的服务。

2021 年,智慧旅游适老化建设的核心聚焦于消除老年游客的"数字鸿沟",使他们能够更加轻松地融入智慧旅游环境。通过界面优化,增加大字体、大图标和高对比度的设计,确保老年游客在视觉上的舒适体验。同时,简化操作流程和增加语音支持功能,帮助老年游客更便捷地操作智能设备。此外,线上线下结合的服务成为当年的一个重要突破。许多景区不仅保留了传统的电话预约和售票窗口,还结合了智慧导览系统和自助服务设施,确保老年游客能够在不依赖智能设备的情况下享受便捷的旅游体验。无障碍设施的增设,如智能导览牌、无障碍通道和智能饮水机等,也提升了老年游客的出游舒适性。各景区通过这些创新举措有效减少了老年游客在旅游过程中遇到的技术障碍,提高了他们的参与感和幸福感。

2022 年,适老化建设进一步推进了智能化设计和服务的升级。在这一年,数字化服务的优化成为主要趋势,许多景区通过改造数字平台,简化了预约和入园流程,并推出了语音讲解等服务,进一步提升了老年游客的便捷性和体验感。同时,多个景区推出了"一卡通"通道,老年游客可以通过社保卡便捷地完成支付和入园,减少了繁琐的操作过程。此外,智能化设施的引入,如智能语音导航、智慧厕所和安全监控系统,大大提高了老年游客的舒适度和安全性。个性化服务也得到了进一步加强,景区根据老年游客的需求提供定制化导览服务,让他们能够享受到更加贴心的旅游体验。

2023 年,智慧旅游适老化建设进入了一个新的阶段,技术应用的深入提升了老年游客的旅游便利性和安全保障。大数据、人工智能和物联网技术成为推动这一进步的核心力量。通过数据分析和智能推荐,景区为老年游客量身定制了旅游助手和保障功能,如植物识别和热线咨询等,解决了他们在旅行中的技术障碍和信息沟通难题。同时,智慧门票系统的普及简化了老年游客的购票流程。

许多景区通过大数据和智能推荐优化了预约系统,为老年游客提供了专属通道和简化版预约流程。此外,智能设备和设施的不断升级,如大字体触摸屏、语音讲解系统和无障碍设施,帮助老年游客克服视力、听力等生理障碍。为了增强老年游客的安全保障,景区还增设了智能急救站和视频监控系统,进一步提高了老年游客的安全感。

2024 年,智慧旅游适老化建设的重点转向了进一步提升老年游客的出行便捷性、安全保障、互动体验和文化享受。首先,出行便捷性依然是核心。通过语音识别和数字平台整合等技术手段,简化了老年游客在旅游过程中的信息获取、服务预订和费用支付等环节,使他们能够轻松操作,减少了对传统设备的依赖。安全保障成为这一年建设的另一重点。许多景区增加了紧急求助、健康监测和智慧应急系统,如西夏陵景区的智能 SOS 求助和 24 小时监控,确保老年游客的旅行更加安全。互动体验的提升也成为 2024 年的一个亮点。数字人形象和 AI 智能管家服务的引入,使得老年游客能够在旅行过程中享受更加个性化和丰富的互动体验。此外,文化服务方面的创新也不容忽视。许多景区积极探索虚拟现实和数字化展示技术,为老年游客提供了沉浸式的文化体验,满足了他们对精神文化享受的需求。

2021 至 2024 年间,智慧旅游适老化建设不断深化并呈现出不同阶段的突破。从消除"数字鸿沟"的基础工作到智能化设计和技术的全面应用,再到个性化服务和文化体验的提升,每一年的创新都紧密围绕着提升老年游客的出行便捷性、安全性和互动体验展开。这些突破为今后智慧旅游适老化建设提供了重要的实践参考,尤其在技术应用、服务个性化、无障碍设施、安全保障和文化服务等方面的创新,为其他景区提供了宝贵的经验和可操作的方案,能够帮助老年游客更好地享受智慧旅游带来的便捷与乐趣。

第五章　日韩智慧旅游适老化经验借鉴

第一节　日本智慧旅游适老化政策及案例解读

一、政策分析

面对人口老龄化的挑战,日本在智慧旅游适老化领域的发展显得尤为关键。尽管截至 2023 年 9 月,日本 65 岁以上老年人口数量出现了自有可比数据以来的首次下降,但老年人在总人口中的占比却达到了历史新高,这进一步凸显了适老化服务的重要性和紧迫性。在这样的背景下,日本政府采取了一系列策略,通过智慧旅游的发展来应对老龄化带来的挑战,提升老年人的生活质量,并推动旅游业的创新与增长。

日本的智慧旅游适老化策略始于社会保障制度的构建与完善。自 1963 年《老人福祉法》的颁布以来,日本逐步建立起了一套完善的老年人社会保障制度。这些法律涵盖了基础设施、健康护理、医疗、保险等多个方面,为老年人提供了全面的保护。正是这些基础保障,确保了老年人的合法权益和经济收入,从而激发了老年人的旅游热情,为后续的适老化发展奠定了坚实的基础。

2000 年实施的《交通无障碍法》及其后续修订,进一步推动了无障碍化设施的普及。这些设施包括无障碍通道、专用轮椅、老年人专座等,极大地方便了老年人的出行。例如,“杜鹃之冈”的坡道设计,以及丰田公司的“JPNTaxi”出租车,都是对老年人友好的交通解决方案,体现了日本在提升老年人旅游体验方面的细致考虑。

随着无障碍设施的普及,2003 年提出的“观光立国”战略,标志着日本旅游业法律体系的构建。通过《推进观光立国基本法》等一系列法律法规的制定,日本规范了旅游产业的发展,为老年人提供了更加安全和便利的旅游环境。同时,通过优化交通环境和提升住宿业的信息化水平,进一步提高了老年人旅游的便利性,为老年人的旅游活动提供了更加完善的法律保障。

在一些法律体系的支撑下,21世纪初期的日本旅游业振兴战略和"银发星"制度的实施,为老年人提供了更加亲和的旅游环境。通过提供专用资金支持和税收优惠政策,鼓励企业投入适老化设施建设。例如,千鸟山庄的无障碍设施和专业化服务,为老年人提供了更加舒适和安全的旅游体验,进一步丰富了老年人的旅游选择。

进入21世纪的第三个十年,2020年的智慧观光城市项目,以青森县弘前市为代表,通过ICT技术的应用,实现了旅游信息的智能化发布、公共交通的智能化、绿色旅游环境的营造,以及"知识与智慧"档案馆的建立。这些措施不仅提高了旅游的便利性和吸引力,也为老年人提供了更加自由和安心的旅游环境,标志着日本在智慧旅游适老化领域的进一步深化。

紧随其后,2022年的《观光立国推进基本计划》(2023—2025年度),将旅游产业数字化作为重点工作,通过先进技术的应用和数据的利用,提高了旅游业的生产率和管理水平。这不仅为老年人提供了更加个性化和智能化的旅游服务,也为旅游业的可持续发展提供了支持,展现了日本在智慧旅游领域的前瞻性和创新力。

由此可见,日本在智慧旅游适老化发展过程中的政策及项目中主要通过社会保障制度的完善、无障碍化设施的普及、旅游业法律体系的构建、适老化旅游环境的创造、智慧观光城市的实施,以及旅游产业数字化的推进,日本为老年人提供了更加安全、便利、舒适的旅游体验。

二、案例解读

在当今数字化时代背景下,智慧旅游适老化正以其创新和便捷性,重塑着人们的旅行体验。尤其是在日本超级老龄化时代下对于老年群体,这一变革显得尤为重要。通过一系列前沿技术和贴心服务,智慧旅游不仅提升了老年人的出行效率和安全性,还极大地丰富了他们的精神生活。表5-1是日本的智慧旅游适老化的典型案例,展示了如何通过智慧旅游服务满足老年人的需求,丰富老年人的旅游体验。

表 5-1 日本智慧旅游适老化案例

案例名称	案例详细内容
SAVS（smart access vehicle system）智慧交通系统	SAVS 通过互联网对日本函馆市内数百台乃至数千台的交通工具进行集中管理,并与其他城市服务相互协作,开发并实现高效率运输系统,力求使所有公共交通均对应相应需求发车。 通过将出租车(需求交通)和路线巴士(乘车交通)的优点相结合,通过 AI 进行实时乘车计算的服务。云端上的 AI 平台与智能设备进行通信,在时刻变化的车辆和人、物移动状况下,瞬间决定同时满足所有空间移动和所需时间的车辆行驶路线。通过该技术,可以实现城市级的最佳交通。
旅游企业:ClubTourism	ClubTourism 以老年旅游为主营业务,在老年旅游产品上力求精细化发展,开发了上万条旅游线路,产品线丰富且差异化十足,旅行节奏缓慢放松,几乎覆盖了老年客户的所有旅游需求,成为其抢占老年旅游市场份额的关键。其旅游业务包括国内游、出境游、入境游、太空游等多个领域,并有火车游、邮轮游、巴士游、主题游等多种细分产品。 在火车游方面,ClubTourism 拥有日本首辆由特定旅行社运营的火车专列"阳炎",连通了京都大阪、名古屋、奈良等多个主要旅游城市。 邮轮游方面,ClubTourism 的旅行路线遍及欧洲、美洲大洋洲、亚洲周边的多个海域,邮轮游舒适便捷的特点使其成为老年旅游的热门选择 巴士游方面,ClubTourism 设置了近 600 个公交旅游聚集点,并配套多种一日游项目。主题游是 ClubTourism 的主推项目,其项目内容涵盖了远足游、美食游、摄影游、绘画游、女性游、庙宇游、温泉游、旅居游、无障碍游等,ClubTourism 聘请了上百位主题专家,专家陪同客户一起旅行,负责在旅游途中为客户讲解专业知识和给予专业指导。
智能护理"虚拟旅游"网站:Virtual Tour	Virtual Tour 是基于 Virtual 技术的 360 度视频,不受天气和时差的影响,在任何地方都可以享受旅行。支持智能手机和平板电脑、大型电视、屏幕等多种设备,不使用 VR 护目镜,可以轻松参与。旅行目的地不仅在日本国内,在全世界 60 多个国家也预定丰富多彩的内容。智能护理"虚拟旅游"的特点如下: 1. 提供 2 种"虚拟旅游"服务。预先录制好的 360 度视频,让所有住户都能体验大型电视和大屏幕的娱乐活动。除了每月定额制的每月 4 个、2 个、1 个等 3 个套餐外,还可以选择当地导游实时介绍并直接对话的"体验 LIVE"附带的 2 个套餐。 2. 提供 360 度的真实影像。利用 360 度影像技术,只要向想看的方向移动设备,使用者就可以自由地欣赏 360 度景色。 3. 参加者之间可以享受对话的乐趣! 可以和全体参加者一起分享当场感受到的。因为可以自由对话,所以就像在旁边一样享受旅行。 4. 由专业旅游当地导游介绍!(仅限带"体验现场"的计划和个别旅游项目)旅行地的当地导游配合"虚拟旅行"体验,实时实施日语旅行指南。因为可以直接向导游提问或交谈,所以就像真的去过当地一样享受旅行。

案例名称	案例详细内容
智能护理"虚拟旅游"网站：Virtual Tour	5. 可享受的旅行目的地有国内和海外 60 多个国家。Virtual Tour 的内容除了日本国内的旅游景点外，还准备了纽约、新加坡市内旅游、马丘比丘、台湾等，计划随时更新内容，扩大到世界 60 个国家。可以使用以前去过的国家或想去的地方等多种内容。 6. 可通过多设备轻松参加。支持智能手机、平板电脑、大型电视、屏幕等多设备，无需使用 VR 护目镜等，可降低感染风险。随时都可以安心、简便地参与。
东京旅行伙伴公司：ONYVA!(奥尼瓦!)系列	"ONYVA!"在法语中意味着"Let's go!"是一项面向广大民众的在线旅游项目，源自法国。这个项目的核心理念是"向疗养院传达旅行的感动"，旨在为自身身体或者外在原因不能进行外出旅游的老年人等人士提供一种新颖的旅游体验。该项目主要以其"现场直播""高画质""参与型"的特点，使老年人能够在家中体验到身临其境的旅行感受，并且能够与演出者和其他参与者进行交流。这不仅丰富了他们的居家生活，还创造了新的社交机会，有助于缓解因长时间居家带来的孤独感和社会隔离问题。通过这种方式，东京旅行伙伴公司的在线旅游服务为老年人提供了一种创新的、富有吸引力的居家休闲选择。
"Safety tips" App	以推送通知的形式向国外游客提供灾害相关信息。这款应用通过推送功能，能够及时向用户发送地震、海啸以及其他天气警告等信息，支持多种语言，包括英语、日语、韩语、中文(简体/繁体)、越南语等，确保不同国家和地区的游客都能接收到关键的安全信息。此外，该应用程序还提供了紧急情况下的实用功能，比如避难流程图、灾害应急会话指南以及灾害时的实用信息链接，增强了海外客在日本的安全感和信心。另外，旅游网站及应用程序为了支援外国人便利、容易的京都观光及活动，用包括日语在内的共 13 种语言提供多样的信息，还提供找路及实时使用交通工具搜索、非现金结算、外语翻译等多样的服务。

通过以上的案例解读在进行智慧旅游适老化建设的过程中可以得出以下四点经验。**第一，构建一个集中管理和协作的系统**，以满足老年人的多样化出行需求。SAVS 系统的实践表明，通过互联网集中管理交通工具，并结合 AI 技术进行实时乘车计算，可以为老年人提供个性化、灵活的出行方案。同时，云端 AI 平台与智能设备的通信，确保了老年人在出行过程中能够获得及时的帮助和支持。**第二，精细化的旅游产品开发是智慧旅游适老化的关键。**ClubTourism 的成功案例告诉我们，深入研究老年客户的具体需求，开发多样化且差异化的旅游产品，是吸引老年客户的重要因素。同时，考虑到老年人的生理特点，开发节奏

缓慢放松的旅游线路,提供火车游、邮轮游、巴士游等多种旅游模式,以及主题旅游的创新,不仅能满足老年人的兴趣爱好,还能提供更深层次的旅游体验。**第三,重视老年人的无障碍旅游体验。**Virtual Tour 网站的无障碍体验,突破了传统旅游的局限,使老年人能够随时随地享受旅游,不受身体条件或外部环境的限制。支持多种设备的使用,简易的操作流程,以及社交互动和专业导游服务,都极大地提升了老年人的旅游体验。**第四,在智慧旅游适老化发展的过程中应当重视情感的传递,**ONYVA! 系列项目的核心理念——传递旅行的感动,强调了智慧旅游适老化应注重提供情感体验和心理满足。现场直播和高画质视频技术的应用,以及项目的参与型特点,都体现了智慧旅游应利用先进技术提升体验的真实性,并鼓励社交互动和参与感。**最后,"Safety tips" App 的多语言支持和及时信息推送功能,**强调了智慧旅游适老化服务应提供多语言选项,以及实时信息更新和传递的能力,以保障老年游客的安全。此外,紧急情况下的实用功能,如避难流程图、灾害应急会话指南等,增强了老年游客的自救能力。

第二节　韩国智慧旅游适老化的政策及案例解读

一、政策分析

面对人口老龄化的严峻挑战,韩国正站在一个关键的转折点上。截至 2024 年 12 月,65 岁及以上的高龄人口比例超过 20％。根据当前趋势,预计到 2050 年,这一比例将攀升至 40％。这一人口结构的显著变化,对韩国的社会服务和经济发展提出了新的要求,尤其是在智慧旅游领域,适老化服务的需求日益迫切。为了应对这一挑战,韩国政府采取了一系列政策措施,积极推进智慧旅游适老化的发展。

2017 年国家旅游战略会议推出的《观光振兴基本计划》中,针对老年人的旅游支援体系进行了全面规划。这个计划从多个方面考虑了老年人的需求,例如引入与终身教育相结合的"银色旅行学校",提供旅游交通通行证和旅游景点基本折扣,以及设计专属老年人旅游景点线路等。这些措施旨在为老年人提供学习和体验新事物的机会,同时增加他们的出行频率,让他们在旅游过程中享受到更多的便利和舒适。

首尔市政府在 2022 年推出的《老年人福利综合计划》中,进一步细化了对老年人的关怀和服务。计划到 2025 年建立"首尔市老年人广场",这不仅是老年人自律性活动的空间,也是他们享受文化、休养等休闲活动的地方。此外,还通过增加公共疗养设施、设置"老年人优先停车位"以及修建"老年人公园"等方式,打造老年人友好型环境。同时,扩大自助终端机体验区和数字教育的促进,以及智慧福利馆的运营,都是为了让老年人更好地适应数字化时代,享受丰富的业余活动。

在数字化时代的弱势群体支持方面,首尔市政府在 2022 年的项目活动中采取了一些具体措施。选拔"数字导游"教授智能设备使用方法,推出"老老互助"活动,招募老年人作为志愿者帮助其他老年人学习使用智能手机,以及推出"老年人优惠套餐"手机卡等。这些举措旨在帮助老年人跨越数字鸿沟,享受信息社会、数字化生活的红利。

在提高交通弱势群体的出行便利方面,首尔市政府在 2022 年的措施中,计划实现"一站一移动线路"的目标,安装地铁升降设备,推进构建"公交车上下车引导系统",并扩大安装提示音信号灯,加强视觉障碍者步行安全。

在社区数字咨询中心的建立方面,2023 年首尔市政府与三大移动通信公司合作,帮助老年人解决智能移动设备使用不熟练等问题,提供培训服务。此举旨在让老年人能够更好地融入数字化社会,提高他们的生活质量。

此外,首尔市政府还推出了增设免费 Wi－Fi 项目计划,特别是在老年人经常光顾的地区,增设了支持 10G 速度移动网络回传的 Wi－Fi 接入点,并启动运营"故障处理机动小组",提供一站式稳定服务。这些措施将为老年人提供更多的便利和安全保障。

二、案例解读

在深入剖析韩国的智慧旅游实践案例时,发现该国在智慧旅游适老化领域采取了全面而系统的方法。韩国通过整合智能移动出行解决方案、构建综合旅游信息平台,以及融合尖端信息通信技术的机器人服务,实现了智慧旅游服务的创新升级。这些措施共同构筑了一个高效、便捷、安全的服务体系,旨在满足老年游客的特定需求,并提升他们的旅游体验。表 5－2 是对韩国智慧旅游适老化系统关键组成部分的描述。

表5-2 韩国智慧旅游适老化系统

案例名称	具体案例描述
基于智能手机平台,开发了"i Tour Seoul"	通过这一平台,游客可实时获得当前所在位置周边的各种旅游信息,如旅游景点、餐厅、酒店信息等,该平台还提供了从当前位置通过公交、私家车、步行前往目的地的方法。为了便于游客理解,平台还提供5种语言的服务,即使不懂韩文或不了解首尔地理的国外游客也可以轻松使用该平台。该系统的主要应用有以下几种。 1. 定位服务 游客可通过智能手机下载定位软件,以所处位置为基点,免费下载周边景区的信息应用程序。 2. 智能信息服务 观光网站、二维码以及手机 App 提供全面的旅游信息。游客可通过"ftripplanner"制订行程线路;系统提供住宿、演出、电影等文化活动的网络预订服务,游客可用海外银行卡进行预订,并可选择心仪的座位,系统提供预约服务;通过 App,游客可在没有网络的情况下,获取旅游相关信息。App 通过图文并茂的形式展示景区周边信息,游客也可查看选定景区的详细情况。 3. 丰富的附加服务 系统为时间充裕的游客提供深度游路线,以及各种优惠券、电子书、电子报等。
"Bomong Almong 济州故事"应用 App	1. 通过 AR 可以体验济州牧官衙和观德亭的生动感。打开应用程序,将手机放在建筑物上,就可以识别指示牌,听取相关内容的说明并观看。虚拟人物登场,讲述这里的故事,识别指示牌后,就会说明其内容。学习起来比用眼睛读时更有意思。在故事书 AR 中,用卡通也可以愉快地享受信息。 2. 这款 APP 的 VR 功能。这是使用谷歌卡板的方法。将手机放在组装厚厚的瓦楞纸板制成的卡板上盖上盖子即可。现在就像戴 3D 眼镜一样,只要把眼睛戴到卡板上,就可以通过 VR 使用济州牧官衙和观德亭等内容。
济州综合智能移动服务"GreeGo"App	智能移动出行 App。选择电动踏板车、自行车、滑板车等想要的移动工具进行租赁。长途移动时,利用公交车等大众交通工具,在一定区域内利用智能移动设备,旅行将变得非常简便。济州各处都设有智能枢纽,租赁和返还也很容易。甚至可以在公交车和移动出行之间进行换乘,今后还将享受打折优惠。
济州岛官方旅游门户网站:VISIT JEJU	1. 包含济州旅游过程中所涉及的所有信息:提供济州岛旅行信息的应用程序很多。旅游平台也有很多。虽然这些都是为了济州岛旅行者的便利而存在的,但是很难在一个地方找到所有信息,这总是让人感到遗憾。济州观光信息中心运营的"visit 济州"是能够一下子消除这种遗憾的服务。网页和应用程序都已准备就绪,并提供主题旅行、日程推荐、

案例名称	具体案例描述
济州综合智能 移动服务 "GreeGo"	旅行策展、慢速旅行等丰富多彩的内容。同时,还提供了文化、历史、艺术等济州岛相关信息,并准备了交通、医疗机构等应对紧急状况的服务。 　2. 实时确认各旅游景点的混乱程度:济州观光信息中心利用大数据实时分析并告知旅游地的混乱程度。在前往下一个目的地之前,可以事先确认下一个旅游景点的拥挤程度,并通过改变访问顺序的方式减少不必要的时间浪费。该服务除了济州观光信息中心直接提供的信息外,还有旅行者共享各自的旅行日程或景区评论。
首尔植物园: 机器人 "Robotanic"	自动驾驶机器人"Robotanic",结合人工智能(AI)、物联网(IoT)等最新信息通信技术(ICT),提供植物说明、植物园猜谜、安全巡逻等服务。 　温室里的"Robotanic"会陪同游客一起游览,通过设在机身上的屏幕播放介绍主要植物特点的视频,结合现场观察进行解说,以线上线下齐头并进的方式增进市民对植物的了解,激发游客对植物的兴趣。 　户外公园里的"Robotanic"则负责守护市民的安全。可通过设在机身上的监视器监控安全情况、预防发生事故和犯罪、发生火灾等紧急情况时,还可将移动路线实时传送给管理室,借助位置、警报、状况通知等进行快速应对。

　　根据上述的案例分析研究可得,韩国在智慧旅游适老化的发展中主要通过语言服务、技术应用、出行选择、信息服务、安全保障、个性化服务等多个方面进行综合考虑,从而创造一个更加便捷、安全、丰富的旅游环境,满足老年游客的需求,提升他们的旅游体验。通过上述的案例解读,我们在进行智慧旅游适老化建设的过程中可以得出以下五点经验。

　　第一,在技术辅助的文化体验上应加强 AR 和 VR 技术的应用,可以为老年游客带来更生动、沉浸式的体验,增强他们对历史和文化的理解与感受。同时,创新展示方式,例如将卡通元素融入信息展示,可以使学习过程更加愉快,吸引老年游客的兴趣。

　　第二,在出行选择上,在智慧旅游适老化建设过程中可以选择多样化的交通工具,如电动踏板车、自行车、滑板车等,结合便捷的租赁和返还系统,以及无缝换乘体验,都是适老化服务的重要组成部分。一站式信息服务的提供,让老年游客能够在一个集中的平台上获取所有旅行相关信息,包括主题旅行、日程推荐、文化历史艺术信息以及紧急服务信息。

　　第三,加强老年人出游的安全保障工作。户外公园中的"Robotanic"等智能监控系统的引入,不仅负责预防事故发生,还能在紧急情况下快速响应,为老年游客提供更安全的旅游环境。此外,实时监控与快速响应系统的建立,确保了在紧急情况发生时,能够实现位置、警报和状况的快速通知和应对。

第四,丰富智能信息服务的提供手段。如通过网站、二维码和 App 等方式,以及具备离线访问能力的 App,都是考虑到老年游客可能面临的网络不稳定问题。图文并茂的信息展示和深度游路线推荐,满足了老年游客对直观信息和深度体验的需求。并且增加适当的附加服务。如优惠券、电子书、电子报等,不仅增加了老年游客的旅游体验,也为他们提供了便利和优惠。

第五,社区参与的鼓励,通过共享旅行日程或景区评论,增加了社区的互动性和旅游信息的丰富性。实时信息共享和紧急服务准备,如利用大数据技术实时分析旅游景点的拥挤程度,帮助老年游客规划更合理的行程,减少等待时间,提升旅游体验。

第三节 日韩智慧旅游适老化发展的比较分析

日本和韩国作为亚洲的两大经济体,面对着高度相似的老龄化趋势,在智慧旅游适老化发展方面取得了显著成效。两国的智慧旅游建设不仅重视为老年人群体提供便利与舒适的旅游体验,还通过多样化的科技应用和服务创新,逐步完善其适老化体系。这些建设成果在满足老年游客需求的同时,也为老年人融入现代数字生活、获得高质量的旅游体验奠定了基础。因此,对日本和韩国在智慧旅游适老化领域的建设进行深入比较,不仅能发现两国在技术手段和服务模式上的异同,还为我国智慧旅游的适老化服务水平提升提供了重要的参考价值和借鉴思路。基于对日本和韩国适老化智慧旅游的案例分析,本文将主要从系统构建和管理模式的比较、智慧旅游适老化旅游产品的开发与设计、无障碍旅游体验与技术应用、老年人安全保障措施的比较、情感体验和社区互动五个方面展开两国智慧旅游适老化建设的详细比较。

一、系统构建和管理模式的比较

日本在智慧旅游适老化建设中,注重构建集中管理和协作的系统,以满足老年人的多样化出行需求。日本的 SAVS 系统(Smart Access Vehicle System)通过互联网对交通工具进行集中管理,结合人工智能(AI)技术实时计算出最优的乘车方案,从而为老年人提供个性化且灵活的出行服务。具体而言,SAVS 系统通过云端 AI 平台与智能设备的实时通信,能够根据老年人的实时位置和个性化的出行偏好,自动推送适合的交通工具和路线,确保他们在整个出行过程中获得及时帮助与支持。得益于这种高度集成的管理方式,老年人在面对复杂的交通选择时能够更加从容,感受到智慧旅游服务所带来的便捷与安心。这种模式也使得 SAVS 系统可以根据城市中交通工具、路况、人流等信息,动态地为所有出行者调配资源,保证高效的出行体验。

韩国在智慧旅游适老化系统的建设上,重点放在了提供多样化的出行工具和便利的租赁服务,以提升老年游客的选择灵活性和出行体验。韩国不仅保留了传统的公共交通工具,还将电动踏板车、自行车、滑板车等绿色交通工具纳入智慧旅游的适老化系统,为老年游客提供了更为多样的选择。同时,韩国在旅游场所广泛设置了便捷的租赁和返还系统,使老年游客能够随时随地便捷租赁,并在不同的景区或区域完成无缝换乘,从而享受到智能化、绿色低碳的出行方式。此外,韩国的"一站式信息服务平台"为老年游客提供了全面的旅行支持,涵盖从交通工具选择、行程推荐到文化历史信息等多种内容,确保老年人在整个行程中都能便捷地获得所需信息,从而更加高效地规划和调整自己的出行安排。

二、旅游产品的开发与设计

日本在智慧旅游适老化方面的一个显著特点是其精细化、深度化的旅游产品开发。以专注老年市场的 ClubTourism 为例,该公司深入分析老年游客的需求与偏好,设计出多样化且差异化的旅游产品,涵盖火车游、邮轮游、巴士游等多种出行模式,充分考虑到老年游客对舒适与便捷的需求。其火车游产品中包括由特定旅行社运营的"阳炎"专列,贯通京都、大阪、名古屋等主要旅游城市,为老年游客提供了节奏舒缓、风景优美的体验。此外,ClubTourism 在邮轮游方面提供了前往欧洲、美洲、大洋洲等全球范围的航线,邮轮舒适的出行环境和多样化的船上娱乐活动,使老年游客能够悠闲地享受跨海之旅。巴士游则设有 600 余个旅游聚集点,提供便捷的一日游服务,涵盖了日本各地的知名景点。同时,ClubTourism 推出了一系列主题旅游产品,包括美食游、温泉游、绘画游、摄影游、庙宇游等,以迎合老年游客的个性化兴趣。通过聘请专门的导游与专家随行,为老年游客提供专业的文化讲解和技术指导,不仅增加了行程的趣味性,还提升了老年游客的学习和文化体验。这样的精细化设计,既满足了老年游客的兴趣爱好,也为他们提供了深入而独特的文化体验,充分考虑了老年人的生理特点,体现出高度的包容性与贴心服务。

韩国在智慧旅游适老化产品设计上则更注重技术的创新应用,特别是通过增强现实(AR)和虚拟现实(VR)等新技术,带给老年游客沉浸式的文化体验。例如,在济州岛的观德亭、牧官衙等景区,韩国旅游业引入了 AR 导览功能,游客可以通过 App 扫描建筑物识别标志,即可看到虚拟角色出现并讲解相关历史背景,这种创新的展示方式既生动又互动,能够吸引老年游客的注意力,增强他们对文化历史的理解与兴趣。此外,韩国还通过 VR 技术为老年游客提供全景体验,让他们无需出行,即可"游览"景区。游客只需佩戴 VR 设备,便能身临其境地参观历史遗址与名胜景点,这对于行动不便的老年人群体尤其友好。韩国在旅游产品设计上还考虑到老年人对直观信息和深度体验的需求,通过图文并茂的深度游路线推荐,帮助老年游客便捷地了解景点历史文化背景。韩国智慧旅游平台提供在线和离线相结合的内容,老年游客即便在没有网络的环境中也能获得全面的旅游信息,保证了信息的广泛可及性。这种设计在优化旅游体验的同时,也便于老年游客更加自主地进行行程规划。

通过对比可以得出,日本的旅游产品开发更侧重于对老年游客生理特点的深入理解和针对性设计,提供了舒适、放松且多样化的出行模式,强调差异化与细腻的体验;而韩国则聚焦于借助 AR、VR 等新兴技术来增强文化的互动性与沉浸感,使老年人能够通过创新的方式深入理解文化历史,提升了旅游的趣味性与学习性。两国在旅游产品开发上的差异不仅体现了各自适老化旅游设计的独特需求,还反映出各自的市场偏好和文化背景。日本更注重以细致的服务满足老年人的休闲与舒适需求,韩国则通过技术创新满足老年人对知识性与互动性体验的渴望。这一差异为不同国家在智慧旅游适老化服务的开发中提供了丰富的借鉴。

三、无障碍旅游体验与技术应用

日本高度重视为老年游客提供无障碍的旅游体验。为了让行动不便或受身体条件限制的老年人也能享受到高质量的旅游体验。例如,日本推出了"Virtual Tour"虚拟旅游网站,通过创新技术打破了传统旅游的空间和身体限制,使老年人能够随时随地旅行。该网站支持多设备使用,老年游客可以使用智能手机、平板电脑、电视屏幕等多种终端设备参与。此外,"Virtual Tour"采用简易操作流程,无需专门的 VR 设备,即便是对科技不熟悉的老年人也可以轻松上手。为了增强互动感,"Virtual Tour"还提供与当地专业导游实时连线的服务,老年游客可直接与导游对话,实时获取关于景点和文化的深入解说,从而实现身临其境的感受。

此外,日本的 ONYVA! 系列项目进一步提升了虚拟旅游的真实感和情感体验。该项目通过高画质视频技术,将全球的知名景点和特色文化呈现在老年游客面前,使他们即使在家中也能享受到细致而富有情感的旅游体验。ONYVA! 项目强调情感传递,通过直播和互动体验,让老年游客可以参与到活动中,与其他游客交流并分享自己的感受。这种"参与式"的虚拟旅游不仅为老年人带来了精神上的满足,还帮助他们缓解了孤独感和社会隔离问题,为老年人营造出了一种新的社交和文化交流的机会。

韩国在无障碍旅游体验方面,主要通过 AR 和 VR 等技术为老年游客提供沉浸式的文化体验。韩国旅游业通过 AR 技术在文化历史景区中模拟真实的旅游场景,使得老年游客即便身处家中或行动不便,仍然能够以虚拟参观的方式体验景区。例如在济州岛的观德亭等文化景点,老年游客可以通过手机 App 扫描建筑物或识别标志,看到虚拟人物出现并讲解历史背景,使得整个过程既生动又有互动感。同时,韩国的 VR 技术则进一步增强了这种虚拟参观体验,老年人可以通过佩戴简单的 VR 设备身临其境地"走进"历史遗址、博物馆或自然景区。这些技术应用不仅解决了老年人出行中的实际障碍,还让他们可以以一种轻松且趣味性更高的方式深入了解韩国文化与历史。同时为了确保老年游客在户外活动中的安全,韩国在多个户外景区(如济州岛的公园)引入了智能监控系统"Robotanic"。这一系统结合了 AI(人工智能)和物联网技术,机器人设备通过机身上的摄像头与监视器进行实时监控,不仅可以对景区的情况进行 24 小时巡视,还能够及时识别和预防潜在的安全隐患。在紧急情况发生时,"Robotanic"系统可立即通知管理人员,并向游客发出警报,确保老年人能够在突发事件中得到及时的帮助。这种户外智能监控技术大大提高了老年游客的安全感,使他们在享受自然景观的同时也能获得安心的体验。

在无障碍旅游体验的构建上,日韩两国在技术应用的方向上有着显著差异:日本侧重于通过高质量的虚拟旅游体验实现情感传递和参与感,依靠高画质视频、直播和简易操作系统,使老年游客能够方便地参与其中并获得一种真实的社交体验。日本的无障碍设计着重于简化技术使用过程,并通过情感化的旅游形式让老年人获得情感慰藉。而韩国则聚焦于 AR 和 VR 等先进技术的创新应用,利用沉浸式的体验为老年游客提供生动的文化场景和虚拟参观,使他们能够通过新科技获得一种独特的旅游互动体验。韩国的无障碍设计强调互动性和技术创新,通过更具动态性和视觉冲击力的展示,满足老年人对文化理解和知识扩展的需求。因此,两国在无障碍旅游体验上的不同侧重点反映了其在智慧旅游适老化建设中的服务理念差异。日本更注重为老年游客提供一种轻松、参与性高的虚拟旅游体验,通过温馨的情感传递和细致的互动设计,满足老年人在旅游过程中的情感需求;而韩国则着眼于技术的突破,致力于通过技术创新为老年人带来新颖的旅游方式,使其能够享受充满趣味的沉浸式文化体验。这种差异为智慧旅游适老化服务的多样化探索提供了重要启示。

四、老年人安全保障措施的比较

在智慧旅游适老化服务体系中,安全保障是不可或缺的重要部分。日本的"Safety tips"应用程序正是这一方面的典型代表,面向包括老年游客在内的各类旅游人群提供全方位的安全信息支持。该应用程序通过多语言支持(包括英语、韩语、中文等)和实时信息推送功能,确保不同国家和文化背景的老年游客能够便捷获取安全信息,避免因语言障碍错过重要通知。特别是针对自然灾害频发的日本,应用程序提供了详细的紧急避难流程和灾害应急指南,包括地震、海啸、台风等突发事件的避难指引,帮助老年人提高自救能力。该应用还结合了当地的应急服务系统,在发生紧急情况时为游客推送相关的实用信息,帮助他们在第一时间获得救援或指导。通过这种全方位、多语言的安全服务,"Safety tips"应用保障了老年游客的安全,提升了他们的应急反应效率,为老年人带来了便捷与安心。

韩国在老年游客的安全保障方面不仅依赖传统的应急信息传递机制,还引入了智能监控和大数据技术,进一步增强了安全管理的智能化和反应速度。例如,韩国在多个户外公园和景区引入了"Robotanic"智能监控系统,该系统不仅可以对公园或景区内的游客活动进行 24 小时实时监控,还具备事故预防和紧急报警的功能。遇到突发事件,如游客意外受伤或突发身体不适,"Robotanic"系统可以立即向服务部门发送报警信息,启动快速响应机制,为老年游客提供及时的救助,确保安全保障的无缝衔接。这种智能监控不仅提升了老年游客在户外活动中的安全感,还减少了因无人巡查可能产生的潜在安全隐患。此外,韩国还利用大数据技术对景区的拥挤程度进行实时分析,并将结果反馈给老年游客。老年游客在前往景区前可以通过应用程序查看各景点的实时人流信息,合理安排行程,避开人流高峰。这一功能有效减少了老年游客在拥挤环境中可能面临的安全隐患,也提高了旅行的舒适度。尤其对于行动较慢、体力较弱的老年游客来说,避免人群聚集既可以保障安全,又能够提升游览的愉悦度和体验感。

通过对比可以发现,日本和韩国在智慧旅游适老化中的安全保障建设上各有侧重。日本的"Safety tips"应用更加注重信息的实时传递和多语言支持,帮助老年游客跨越语言障碍,确保在突发情况下能够第一时间接收到安全信息。这种全方位的信息推送和自救指南为老年游客提供了丰富的安全知识储备,使其在不同文化和语言环境中也能保持安全意识。而韩国则更加依赖智能监控系统和大数据分析技术,通过多层次、多渠道的技术手段提升景区和户外活动的安全保障能力。"Robotanic"系统的引入大幅增强了户外景区的安全监控和事件响应效率,而实时拥挤度分析则帮助老年游客在游览行程中规避潜在的风险。由此可以看出日本的安全保障服务更倾向于以信息传递为核心,通过多语言支持和实时推送提升老年游客的自我保护能力,而韩国则在智能监控和数据分析方面更具优势,通过技术创新实现高效、智能的安全管理。两国的安全保障措施相辅相成,均有效地增强了老年游客的安全感和应急响应能力,为其他国家在智慧旅游适老化服务中的安全建设提供了多样化的参考模式。

五、情感体验和社区互动

在智慧旅游适老化的探索中,日本特别重视老年游客在旅游过程中的情感体验和心理满足,致力于通过技术手段丰富老年游客的情感体验。例如,日本的"ONYVA!"项目通过高质量的视频技术和实时互动功能,让老年游客即使足不出户,也能通过虚拟旅游感受到旅行的真实乐趣。该项目强调"传递旅行的感动",让那些因健康或出行限制无法亲身旅行的老年人,通过直播、高清影像等形式"置身"异地风景,并享受与导游或讲解员实时互动的机会。这种沉浸式虚拟旅游不仅让老年游客得到了心理上的满足,还赋予他们"旅游即在身边"的参与感。此外,日本的旅游服务项目注重社交互动,通过直播、视频分享等多样化形式,鼓励老年游客与他人分享和交流旅游体验,丰富他们的社交生活。这种多样化的互动手段,有助于提升老年游客的参与感,满足其社交需求,并为他们营造出一种积极而温馨的旅游氛围。

韩国则更加侧重于通过社区互动和信息共享来提升老年游客的情感体验,构建一种"共游共享"的旅游模式。韩国在智慧旅游平台上专门为老年游客设计了分享和交流的功能,鼓励他们上传个人旅行日程、撰写景区评论或分享心得,形成一个富有活力的老年旅游社群。这种社区互动不仅增加了信息的丰富性,还在老年游客之间构建起一种共享的旅游体验感。通过这些旅游平台,老年游客可以彼此参考行程安排,了解不同景区的评价,从而在计划行程时获得更个性化的建议。实时信息共享功能更是为老年游客提供了便利,不仅能获取最新的景区情况,还能根据他人的反馈选择更适合自己的游览项目。对老年游客来说,这种信息共享使他们在行程规划和景点选择上更为自主,也增强了他们在旅游过程中的心理满足感和参与度。

　　日本和韩国在智慧旅游适老化的情感体验构建上采取了不同的策略。日本通过高质量技术手段,如虚拟旅游、实时互动、直播分享等,让老年游客在享受旅游的同时体验情感上的共鸣与慰藉,满足了老年人对于情感支持和参与感的需求。而韩国则侧重于社区互动,通过社交平台的信息共享和体验分享,为老年游客提供了一个联结他人、共建旅行体验的机会。两国的不同侧重点反映了其在智慧旅游适老化过程中对老年人心理需求的不同理解,但都致力于通过创新服务来提升老年人在旅游过程中的心理满足感和情感参与感,为智慧旅游适老化的发展提供了多样化的路径选择。

第六章　上海市智慧旅游适老化发展策略

第一节　上海市智慧旅游适老化的现状与问题

　　本节主要采用实地调研法对上海市智慧旅游适老化现状进行深入分析,旨在精准筛选出适合老年人游玩的上海景点。为此,本节还结合网络数据调研方法,通过百度搜索引擎输入关键词"上海适合老年人游玩的旅游景点"获取相关数据。接着,对搜索结果进行细致筛选,剔除重复或无关的信息。通过统计分析和词频分析,本节生成了"上海市适合中老年人游玩景点词云图"(图6-1)。在此基础上,为进一步探讨上海市智慧旅游适老化政策的实施效果及其所面临的挑战,本节选取了豫园、上海博物馆和城隍庙等老年人常光顾的景点作为实地考察对象。

图6-1　上海市适合中老年人游玩景点词云图

　　经过深入实地探访并与当地景区工作人员交流,发现上海市智慧旅游适老化服务的核心体现在以下四个关键领域:智能化的出行解决方案、先进的智慧导览系统、便捷的智慧景区票务系统、人性化的智能触屏系统以及友好的适老化基础设施建设。

一、上海市智慧旅游适老化现状

1. 智慧出行系统建设

在智慧出行领域，上海市致力于强化无障碍设施建设，推进数字化出行方式，让老年人更加顺畅便捷。随着 2023 年 3 月 1 日《上海市无障碍环境建设条例》的实施，上海市各区政府加强了对无障碍交通设施的建设。尤其加强对公共交通工具的适老化改造，增加无障碍通道和专用座椅，现已覆盖超过 80% 的地铁和公交车站（图 6-2）。同时，推行"一键叫车"服务，老年人可以通过手机快速呼叫适合的驾驶员，这一服务目前在全市范围内推广，日均请求量超过 500 次，极大地缓解了老年人的出行困难。此外，为更好地让老年人体验数字化出行服务，上海"出行即服务"（MaaS）平台于 2024 年 7 月 17 日推出"随申行"App 长辈版（图 6-3）。通过加大字体，配合直观、简洁的图标，确保老年用户阅读不费力，快速识别和使用想要的功能，并且考虑到老年用户的操作习惯，长辈版特别增加了"语音输入"这一适老化设计，减少打字输入的负担。同时，如用户在操作过程中需要额外帮助，App 支持一键拨打客服电话，确保老年人能够及时获得语音帮助。总之，"随申行"App 长辈版提供公共交通"一码通行"、实时公交语音查询、出租车"一键叫车"等大字版便民服务，助力老年人跨越"数字鸿沟"，享受交通生活数字化转型带来的便利。

图 6-2　无障碍公交车

图 6-3 "随申行"App 长辈版截图

2. 智慧导览系统建设

在智慧导览系统方面,上海景区致力于引入多元化的智慧导览解决方案,帮助老年游客轻松掌握各景区的历史人文背景。通过走访发现,每个景区都有各自的导览系统,其中使用最为广泛的是免费的微信智能语音导览系统,到每个景观处游客可以扫码打开景区的小程序讲解功能,自由开关语音讲解,以及查看图文信息,方便游客根据自己的节奏探索景点并且还有多种语言选择可供选择。例如,上海豫园特别引入了智能语音导览系统(图 6-4),其中一项特色服务是增加了"上海话"选项,这一举措为本地老年游客提供了一种亲切感,让他们在使用导览系统时能够感受到家乡语言的温暖和熟悉,从而增强了他们的游览体验。其次是 AR 眼镜智慧导览(图 6-5),这一类导览系统主要使用在各个博物馆中,例如上海博物馆、上海历史博物馆都配有 AR 眼镜智慧导览,老年游客戴上 AR 眼镜走到特定展点区域时,就可以从眼镜中看到这件的文物的活化,通过语音指令,眼镜搭载的离线 AI 语音识别引擎可进行内容触发、场景的切换以及多媒体的控制等。听力欠佳的老年人可以选择通过 AR 眼镜智能导览来感受展馆内文物的历史。同时,眼镜搭载的离线 AI 语音识别功能也可以使老年人在休息时也能听文物相关知识的讲解,提升老年人的旅游体验。除微信智能语音导览系统和 AR 眼镜智慧导览外,一些景区还特别提供了自助式智慧导览器(图 6-6),每套设备均配备有平板电脑、便携式挂带和专用耳机。这些导览器内置中文智能讲解系统,通过丰富的多媒体内容,包括语音讲解、视频介绍、手绘故事、动画解析、探索解谜和游戏互动等形式。这种导览方式不仅让老年人能够深入理解每件文物的背景,还以趣味盎然的方式解读历史珍宝,极大地提升了他们在游览过程中的参与感和娱乐性。除此之外,还考虑到老年人使用智能设备的不便性,馆内还特别安排了专人为老年游客提供线下指导,确保他们能够顺利使用智能导览设备,从而提升整体参观体验。

图 6-4　上海豫园语音导览截图

图 6-5　老年人使用 AR智能眼镜图

图 6-6　自助智慧导览器图

3. 智慧票务系统建设

在智慧景区票务系统方面,景区致力于提供便捷式的线上预订和多样化的线下入园方式,以适应不同游客的需求,特别是考虑到老年游客的便利性。线上预订方面,景区小程序的预约界面经过精心设计,以简洁的布局和简化的步骤,极大地方便了老年游客自行完成线上门票预约。此外,考虑到老年游客可能没有智能手机或不擅长使用智能设备,景区还提供了亲友代为预约的功能,让老年游客也能轻松预约入场,享受无忧的旅游体验。在线下入园方面,老年游客可以通过多种验证方式快速进入景区,如刷身份证、二维码,甚至面部识别等,实现 20 秒快速入园,这些技术的运用不仅提升了入园速度,也增强了安全性。特别是通过"乐游上海"等平台,老年游客可以享受到更加人性化和便捷的服务,如"文旅码预约"模块依托"随申码·文旅"公共服务平台,实现了"一口预约""一码畅游"的目标。通过智慧景区票务系统,老年游客的预约入园等待时间平均减少了 4—5 分钟,有效缓解了他们的焦虑情绪。

4. 智慧触屏系统建设

在智慧触屏系统方面,景区专注于实现信息的迅速获取,并提升与文物的互动体验,让老年游客能够更加直观深入地感受历史文化。例如,上海城隍庙的智能屏功能(图6-7)为老年游客提供了极大的便利。游客在进入景区后,可以通过智能屏快速了解游玩线路、确定自己的当前位置,并且获取到网红打卡地、餐饮小吃等重要点位信息。此外,智能屏还提供了周边游玩景点和路线的详细介绍,帮助老年游客更好地规划自己的行程。这些智能屏的设置,不仅方便了老年游客获取信息,也提升了他们的游玩体验,让游览过程更加顺畅和愉快。在文物的互动体验的智慧触屏系统主要在各类博物馆中被广泛使用(图6-8),通过该系统的使用能使得文物展示不再局限于传统的静态展示,而是通过互动体验,让观众能够更加深入地了解和感受文物的历史和文化价值。例如,上海博物馆的玺印篆刻馆考虑到玺印篆刻文物尺寸较小的特性,展厅内外还设有高清显示屏,以便公众多维度观赏文物。同时游客也可以输入自己的名字模拟进行雕刻。

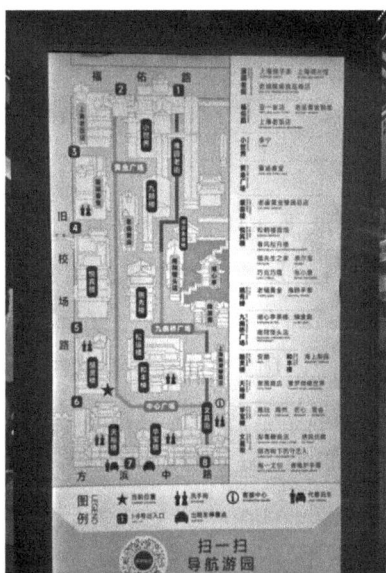

图6-7 城隍庙智能屏　　　图6-8 上海博物馆(东馆)智能触屏

5. 基础设施建设

智慧旅游适老化基础设施成效显著,为老年游客营造了优质的旅游环境。上海市各大景区积极响应《上海市无障碍环境建设条例》的要求,全力推进旅游景区与公共空间的适老化改造,取得了显著的成效。各景区不仅普遍完成了适老化设施的建设,如轮椅租赁、行李寄存、无障碍通道和无障碍厕所等,确保老年游客在旅游过程中享有便利和舒适的体验,还进一步在细节上进行优化。例如,上海鲁迅纪念馆附近的世界文豪公园不仅设置了专用的无障碍厕所,还在每个蹲位增设了扶手(图6-9),方便老年游客使用。此外,一些景区还特别考虑到老年游客的休息以及寄存行李需求,设立了专门的休息区域(图6-10)以及行李寄存设施(图6-11),不仅设有舒适的参观者休息区,还提供了丰富的行李寄存服务,进一步提升了老年游客的整体参观体验。这些基础设施的完善,体现了上海市在智慧旅游适老化建设中的前瞻性与细致性,为老年游客营造了更加友好的旅游环境。

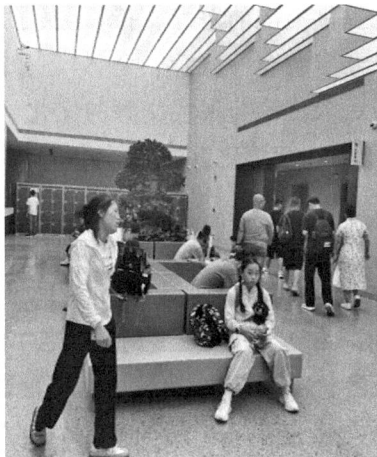

图6-9　适老化厕所　　　图6-10　上海博物馆(东馆)　　　图6-11　上海博物馆(东馆)
　　　　　　　　　　　　　　　　休息区　　　　　　　　　　　　　寄存区

二、上海市智慧旅游适老化有待优化

通过以上的调研发现,上海市智慧旅游适老化的智能出行解决方案、智慧导览系统、智慧景区票务系统、智能触屏系统以及适老化基础设施这些领域的智慧化程度较高,为老年游客的旅游体验提供了极大的便利。然而,针对"智慧风险防范管理系统(如医疗保障)、智慧营销、个性化旅游线路制定(智能推荐)以及智慧社交分享"等关键领域的建设还存在明显不足。这些不足之处制约了老年人全面享受智慧旅游所带来的便利与安全,也凸显出进一步优化和完善这些关键环节的必要性。

1. 景区风险防控管理系统的智能化提升亟待加强

在智慧旅游适老化的背景下,景区的风险防控管理系统应具备更高的智能化水平,以全面提升老年游客的安全保障和紧急应对能力。然而,实地走访调查显示,目前景区的风险防控仍主要依赖传统的志愿者现场巡逻和监控管理方式,智慧化风险防范系统的建设明显不足,无法充分满足老年游客的安全需求。上海豫园作为老年游客喜爱的热门景点,尽管人流量大,游客众多,但在应对老年人突发疾病或意外伤害方面,智慧风险防范管理系统的覆盖仍存在明显不足。虽然园区内配备了一定的急救设备,但整体医疗保障的智能化程度亟待提升。例如,当前豫园缺乏与周边医院之间的实时联动机制,紧急救援通道的智慧化调度功能也尚未得到有效开发。当老年游客在园区内遭遇突发健康问题时,现有的系统无法迅速响应并提供精准的医疗支持,延误了救治的黄金时间。这一问题的存在不仅影响了老年游客的旅游安全感,还暴露出智慧旅游适老化建设中的短板。豫园作为一个传统与现代交融的文化景区,吸引了大量中老年游客,其旅游服务体系亟须在智慧化方面进行升级,以更好地满足这一特殊群体的需求。

2. 个性化旅游线路制定与智能推荐亟须进行优化

在智慧旅游的发展中,个性化旅游线路制定和智能推荐应当充分考虑老年游客的特殊需求。然而,目前市场上尚缺乏专门针对老年群体的旅游产品,智能化建设在这方面仍存在显著不足,难以有效满足老年游客的出行期望和需求。目前,市面上普遍提供的大众化旅游线路难以有效满足老年游客的出行需求,导致这一特殊群体在旅游过程中体验不佳,甚至可能面临一定的风险。例如,城隍庙的旅游路线设计主要依赖于传统模式,未能充分利用智能技术为老年游客提供个性化的服务。老年游客往往因体力、兴趣、健康状况等方面的差异,对旅游线路有着特殊的需求。然而,现有的智能推荐系统在分析这些个性化需求方面能力有限,缺乏对游客个人兴趣、体力状况以及健康条件的深入了解和精准匹配。这种不足导致系统无法为老年游客量身定制最合适的游览线路,使他们难以充分享受到智慧旅游的便利性。例如,老年游客可能更喜欢文化体验类的行程,或是需要安排更多的休息时间和适宜的步行距离,但现有的系统无法根据这些偏好和需求提供个性化的推荐。这不仅增加了老年游客自行规划行程的难度,也使他们在游览过程中可能遭遇体力过度消耗或参与不适合其健康状况的活动,进而影响整体的旅游体验。

3.智慧营销手段在适老化建设中的应用尚不充分

在上海市的智慧旅游适老化建设中,智慧营销应发挥重要作用,提升老年游客的参与度和体验感。然而,通过调研发现,部分景区仍主要依赖传统媒体和较为简单的线上推广方式,未能充分利用智慧营销手段,适老化智慧营销的创新性和有效性仍有待提升。上海博物馆作为一个深受中老年游客喜爱的热门文化景点之一,在智慧营销方面仍存在一定的不足。尽管博物馆具备丰富的文化资源和独特的历史魅力,但其宣传手段比较单一,未能充分发挥智慧化手段的潜力。例如,许多老年游客可能不习惯使用社交媒体或电子邮件,而博物馆现有的营销活动未能充分考虑这一点,缺乏针对老年人群体的精准推送功能。这种情况下,博物馆的信息难以有效传达给潜在的老年游客,导致智慧营销在这个重要群体中未能取得理想的效果。此外,博物馆在智慧营销中还缺乏基于老年人需求的深入数据分析。现有的营销策略未能充分利用大数据技术来分析老年游客的偏好、行为模式和参观习惯,因而无法为这一群体量身定制有针对性的营销方案。例如,老年人可能更倾向于参与具有教育意义的展览或活动,但如果博物馆没有通过智能化的数据分析来识别和理解这些偏好,那么其营销信息可能会失去吸引力,无法激发老年游客的兴趣和参与度。

4.智慧社交分享功能在适老化旅游服务中仍显不足

在上海市智慧旅游适老化建设中,智慧社交分享作为增强老年游客互动与体验的重要环节,尚未得到充分重视。通过对上海多处景区智慧旅游平台的考察,发现许多小程序中缺少"社交分享"模块,这一不足限制了老年游客在旅游过程中分享体验和获取反馈的机会,也削弱了其整体旅游体验。以上海豫园为例,尽管豫园在旅游基础设施和文化展示方面已经有了较高的智慧化水平,但在智慧社交分享的建设上却存在一些明显的不足。豫园的社交分享功能缺乏对老年游客之间互动的促进作用。老年游客在游览过程中,往往希望通过简单的方式与同行的老友或新结识的朋友分享体验,或是在游览结束后保持联系,但现有的智慧社交平台未能提供相应的便利功能。例如,豫园缺乏专为老年游客设计的社交互动区域或功能模块,这些模块可以包括简化的分享按钮、自动生成的游览照片回顾,或者一键分享的旅游故事。由于这些功能的缺失,老年游客在豫园的游览体验中难以享受到现代社交技术带来的便捷与乐趣。此外,豫园的智慧社交平台还未能有效地鼓励老年游客将他们的体验分享至更广泛的社交网络。尽管一些老年游客愿意学习使用社交媒体来记录和分享他们的旅行经历,但由于豫园在社交分享方面的引导不足,这些分享行为未能得到有效推广。

第二节 政策支持与市场激励:智慧旅游适老化的推动力

在推动上海市智慧旅游适老化发展的过程中,政策支持无疑是至关重要的基础。为了推动智慧旅游适老化建设,政府需要从政策层面给予全方位的支持,包括国家及地方政府的政策导向、对市场的扶持与激励,以及智慧旅游适老化产品的标准化与规范化管理。

一、国家及地方政府的政策引导

国家层面的政策引导为智慧旅游适老化的发展奠定了基础,而地方政府则根据自身的特色和需求,将这些政策转化为实际行动。首先,国家层面的政策体系为上海市在推动智慧旅游适老化方面提供了明确的方向和框架。根据《"十四五"旅游业发展规划》,国家明确提出要大力发展智慧旅游,利用信息化和智能化技术提高旅游服务质量和体验,特别是要增强老年人群体的旅游体验。老年人群体的特殊需求,促使政府在政策层面重点关注如何通过技术创新与服务优化,使其出行更为便捷、舒适和安全。上海作为中国经济、科技、文化中心的城市,具备发展智慧旅游的独特优势,因此必须结合"十四五"规划的总体方向,出台具体的地方性政策。在此基础上,上海市可以制定智慧旅游适老化的地方性发展方案。例如,可以明确对老年游客提供专属的智能化服务,包括智能导览、语音识别系统、可穿戴健康监测设备等,以确保老年人能够无障碍地享受上海丰富的旅游资源。

此外,结合"健康中国"战略,政府还应大力支持老年群体的健康旅游需求,推动健康、养生、疗养等与旅游结合的项目。通过政策引导,政府可以鼓励旅游企业、医疗机构、养老服务机构联合开发适合老年人的定制化旅游产品,同时提供资金支持、税收优惠等措施,促进这些项目的落地和推广。上海市政府可以在国家政策框架下,结合本地的经济和社会特点,进一步细化具体的实施办法。例如,可以设置"老年人智慧旅游专项基金",支持企业在适老化技术研发、老年人健康旅游项目开发等方面的创新。还可以通过"老年友好型"景区认证制度,引导和推动旅游景点升级改造,提升老年游客的出游体验。

二、智慧旅游适老化的商业化驱动

随着老龄化社会的逐步加剧,老年群体逐渐成为中国消费市场中的重要组成部分。据国家统计局统计,2024 年底中国 60 岁及以上老年人口为 2.97 亿,占总人口的 21.1%,其中 65 周岁及以上老年人口约为 2.2 亿人,占总人口 15.4%。预计到 2035 年 65 岁及以上老年人口将突破 3 亿,占总人口比例超过 22%。这意味着,老年群体不仅在数量上日益庞大,其消费潜力也不断提升,尤其是在健康养老、旅游休闲等领域。智慧旅游作为能够显著提高老年群体出行便利性与舒适性的创新模式,吸引了越来越多的商业机构关注。因此,政府的扶持与激励政策对推动智慧旅游适老化的商业化发展具有至关重要的作用。

首先,政府应通过资金支持、税收减免等方式,为企业提供发展适老化智慧旅游的经济动力。为了鼓励企业研发适合老年群体的智慧旅游产品,政府可以设立专项资金或补贴,用于支持智慧旅游技术的研发,尤其是在健康监测、智能导览等关键技术领域的创新。例如,政府可以对涉及智能硬件、人工智能、大数据等技术的智慧旅游项目提供资金补助,特别是那些能够提高老年游客出行安全性和舒适度的创新技术和设备。

其次,政府可以出台税收激励政策,减轻企业负担,从而刺激更多企业参与到智慧旅游适老化产品的开发与推广中。对于符合一定条件的企业,政府可提供所得税减免、增值税返还等优惠政策。特别是针对那些专门为老年人群体设计的产品与服务,政府可以根据市场反馈和社会需求,设立特别的税收优惠政策,引导更多企业在这一领域投资和创新。

此外,为了促进企业间的合作与资源共享,政府可以通过建立跨行业的合作平台,鼓励旅游企业、科技公司、健康管理机构、养老服务组织等多方共同参与智慧旅游适老化的产业链建设。例如,旅游企业与科技公司可合作开发智能化导览系统、可穿戴健康监测设备等;养老服务机构则可以与旅游公司合作,推出适合老年人的健康旅游线路。政府可以通过提供奖补、市场引导、信息共享等手段,推动各方力量的协同创新。

最后,政府还可以鼓励社会资本的参与,采用公私合营(PPP)模式,推动适老化智慧旅游的基础设施建设与服务创新。这不仅能减轻政府的财政压力,还能通过吸引社会资本的参与,加速智慧旅游适老化项目的规模化落地。

三、标准化与规范化管理,保障智慧旅游适老化的质量

随着智慧旅游的快速发展,如何保证适老化智慧旅游项目的质量与安全,成为必须面对的重要问题。老年人群体由于生理、心理等多方面的原因,对旅游服务的要求较为特殊。无论是在旅游景区的设施设备,还是在服务提供过程中,如何确保老年游客的便利性、安全性和舒适性,都是智慧旅游适老化发展的关键。因此,制定相关的标准化与规范化管理体系,对于保证智慧旅游适老化质量、推动行业健康发展具有重要意义。

1. 标准化

政府应积极推动适老化智慧旅游设施的标准化建设。随着科技的不断进步,越来越多的智能化设备被应用于旅游服务中,而这些设备必须满足老年人群体的特殊需求。例如,智能导览系统、无障碍设施、健康监测设备等,均需要根据老年群体的操作习惯与需求进行专门设计,确保这些设施简便易用,且能够有效提升老年游客的出游体验。在此基础上,政府可以与行业协会、标准化组织共同制定适老化智慧旅游设施的相关技术标准,确保设备的安全性、适用性和可靠性。

2. 规范化

智慧旅游适老化产品和服务的标准化不仅仅局限于技术层面,还应包括服务层面的规范化。为了确保老年游客在旅游过程中得到高质量的服务,政府可以制定适老化旅游服务标准,包括无障碍设施、医护保障、营养饮食等方面的标准。例如,旅游景区应具备无障碍通道、轮椅借用服务、老年游客专用休息区等设施;而酒店、餐饮等旅游服务提供者也应根据老年人的需求提供定制化服务。此外,旅行社和导游的服务水平也应纳入标准化管理,确保老年游客在出游过程中享受到安全、舒适、便捷的服务。

同时,为了进一步规范市场,政府还需要加强对适老化智慧旅游服务提供者的监管。各类旅游企业、景区和旅游服务平台在提供智慧旅游产品时,应遵循国家和地方的相关法律法规,确保所提供的服务质量符合相关标准。政府可设立专项检查机制,定期对涉及老年群体的智慧旅游产品和服务进行审查,确保其合规运营。在此过程中,政府还应鼓励社会组织和消费者积极参与监督,提升行业透明度,保障老年游客的合法权益。

此外,政府还应推动适老化智慧旅游产品的质量认证体系建设,建立针对老年人专属旅游产品的评定标准。例如,可以通过"老年人友好型旅游认证"或"适

老化智能旅游产品认证"标志,对符合标准的产品进行认证,并鼓励相关企业向社会展示其产品质量。这种认证体系不仅能提高市场的信任度,还能进一步推动适老化智慧旅游服务的发展与普及。

第三节 多方协作:政府、企业、社区、养老机构的合作模式

上海市智慧旅游适老化的成功实施,需要政府、企业、社区和养老机构等多方力量的协同合作。政府通过政策引导与跨部门协作,确保适老化旅游项目的顺利推进;企业则通过创新驱动和市场推动,开发符合老年人需求的智能设备与服务;社区和养老机构则通过日常服务与信息支持,帮助老年人了解并参与智慧旅游项目。通过政府主导、企业创新和市场推动,以及社区与养老机构的共同参与,可以构建一个全方位、立体化的适老化智慧旅游生态体系。

一、政府主导与行业联动

政府在智慧旅游适老化建设中扮演着关键的引领角色。上海市可以通过出台综合性的战略规划,明确适老化智慧旅游的目标和实施路径,确保各项政策的落实与执行。首先,上海市应制定一套针对智慧旅游适老化的整体规划,涵盖目标、行动步骤、政策支持、技术创新、资源整合等方面,并设定具体的时间节点和评估标准。这一规划应当与全市的发展战略相结合,特别是与老龄化社会相关政策、健康中国战略、数字化转型等国家层面大政策的对接,形成政策上的有机结合。政府的主导作用不仅体现在规划的制定上,还应通过建立跨部门的协作机制,推动各个行业的有效联动。政府可以设立智慧旅游适老化工作小组,涵盖旅游、交通、信息技术、老龄产业等多个部门,协同推动政策实施,定期评估实施效果,及时调整战略。例如,政府可以通过设立专项基金,资助相关技术研究项目,鼓励技术公司与旅游企业合作,开发适合老年人群体使用的智能设备和服务。这类跨行业的协作将推动老年旅游服务的创新与发展,并且能够加强政策落地性和执行力。

政府还可以采取激励措施,鼓励企业参与智慧旅游适老化项目的开发。具体来说,可以为创新型企业提供资金支持、税收减免等优惠政策,特别是在适老化智能设备、老年专用旅游产品等领域,通过资金引导市场投入,为企业创新提供政策保障。通过政策引导和激励,上海市可以吸引更多企业关注智慧旅游适

老化市场,推动产业链的形成和发展。

二、企业创新与市场推动

企业作为智慧旅游适老化发展的核心推动力,在整个生态体系中发挥着至关重要的作用。上海作为科技创新和数字化转型的前沿城市,拥有丰富的互联网、大数据和智能硬件企业资源。企业应当深刻理解老年人群体的需求特点,主动承担起创新责任,推出定制化的智慧旅游服务,推动适老化智慧旅游的发展。因此,企业的创新应聚焦于满足老年群体多样化、个性化的需求。针对老年群体的智慧旅游产品可以涵盖健康旅游、康养旅游、生态旅游、文化旅游等多个方向。例如,开发健康管理类旅游产品,结合旅游景区与健康疗养机构,为老年游客提供专业的健康评估和医疗服务;推出生态旅游和慢旅游项目,配合适老化的基础设施与智能设备,确保老年游客在出行过程中拥有更高的安全性和舒适度;通过"互联网+养老"模式,为老年游客提供个性化的定制旅游服务,精确匹配他们的兴趣爱好、出行需求和健康状况。

同时,大数据与人工智能技术的应用是推动智慧旅游适老化的关键因素之一。企业可以通过大数据技术分析老年人群体的出行习惯、消费偏好以及健康需求,为其推荐更加个性化的旅游服务。例如,通过建立老年游客的数据模型,企业可以提供个性化的旅游路线推荐、特定景点的健康安全信息推送,甚至根据老年游客的健康数据提供实时健康监测与应急服务。此外,人工智能技术可以在智能翻译、语音导航、自动化客服等方面大展身手,提升老年游客的旅游体验,降低他们在出行过程中遇到的技术障碍。

除此之外,企业还应通过市场细分,开发适应不同老年群体的智慧旅游产品。例如,有的老年游客可能更注重身体健康和精神放松,适合参与康养旅游;而另一些则可能偏好文化与历史探索,这些群体适合定制化的文化旅游路线。通过这些细分市场的布局,企业不仅可以满足老年人群体的多元化需求,还能在智慧旅游领域获得更大的商业潜力。

三、社区与养老机构的参与

社区和养老机构是老年人生活和社交的重要场所,也是智慧旅游适老化服务的重要支撑体。上海可以通过加强社区与养老机构的合作,构建起一个覆盖全市、服务广泛的老年人智慧旅游网络。社区作为老年人日常生活的中心,具有重要的引导和推广作用。政府可以通过与社区合作,将智慧旅游的概念、产品和服务推向老年人群体。社区网络可以成为智慧旅游的宣传阵地,组织适老化旅游讲座、沙龙等活动,向老年人普及智慧旅游相关知识,提高他们对智慧旅游的认知度。同时,社区还可以提供信息支持和服务支持,帮助老年人了解最新的智慧旅游产品,解答他们在出行过程中遇到的问题。社区还可以组织小规模的旅游团体,带领老年人群体体验适老化旅游产品,增强老年人参与智慧旅游的信心。

养老机构在智慧旅游适老化建设中扮演着举足轻重的角色。养老机构不仅是老年人日常生活的栖息地,也是他们体验智慧旅游服务的重要平台。养老机构可以与旅行社、旅游景区等合作,设计并推出符合老年人需求的定制旅游产品,例如"适老化养老旅行团""健康疗养旅游项目"等。养老机构可以通过与旅游企业、智慧服务公司等的深度合作,为老年人提供一站式旅游服务,确保他们在旅游中的各项需求得到满足。为了更好地服务老年人,养老机构还可以设立智慧旅游服务点,为老年人提供旅游信息咨询、线路推荐、预订服务等。通过这些服务点,老年人可以方便地了解智慧旅游产品的相关信息,并根据自身的需求进行选择。此外,养老机构内部还可以举办一些针对老年人的旅行讲座、旅游经验分享等活动,激发老年人出行的兴趣和意愿。

政府、企业和社会组织还可以共同推动社会责任意识的普及,降低老年人出游的经济门槛。例如,通过政府和企业的合作,组织公益性质的老年旅游活动,向低收入老年群体提供免费或优惠的旅游服务,帮助他们更好地享受智慧旅游带来的便利。公益项目不仅能提高老年人的出游意愿,还能增强社会对智慧旅游适老化建设的关注与支持,推动全社会共同参与到智慧旅游适老化的事业中来。

第四节　适老化智慧旅游平台的设计与优化路径

适老化智慧旅游平台的设计与优化是一个综合性的系统工程,涉及技术创新、人性化设计、数据安全等多个方面。在平台的设计阶段,应从老年游客的需求出发,确保平台功能全面、操作便捷、服务智能化;在用户体验优化方面,平台应注重简洁直观的界面设计、个性化的旅游推荐和细致的安全保障;而在技术升级与持续优化方面,AI、大数据、跨平台资源整合等技术的应用,将是平台不断提升用户体验、实现长远发展的关键路径。

一、平台设计理念与功能框架

　　适老化智慧旅游平台的设计应充分考虑老年用户的需求、习惯与特殊情况，确保平台不仅功能齐全，还能操作简便，服务高效。首先，平台的设计理念应围绕"人性化"与"智能化"展开，力求让老年人群体在使用过程中感受到便捷、舒适与安全。平台的核心功能需求包括：个性化推荐、语音识别、健康监测、社交互动和无缝连接的旅游生态系统。通过集成这些功能，平台可以为老年游客提供全方位的旅游体验。① 个性化推荐与定制服务：通过大数据分析技术，平台能够根据老年游客的兴趣、健康状况和出行习惯，为其提供个性化的旅游线路、景点、餐饮和住宿推荐。例如，若平台识别到用户的健康数据中有高血压或糖尿病相关信息，可以推荐适合这些健康状况的休闲景点、低盐低糖的餐饮选择以及提供医疗保障的住宿。此项服务不仅能够提升老年游客的满意度，还能最大化保障其安全。② 语音识别与无障碍功能：考虑到部分老年用户可能存在视力或听力障碍，平台设计时应具备语音识别功能，允许老年游客通过语音指令完成操作，如查询景点信息、订购餐饮、查找导航等。此外，无障碍导航和图像识别功能也是平台设计的关键。平台可以结合图像识别技术，帮助老年游客辨识场所标识、导向牌等信息，确保其在旅游过程中不迷失方向。③ 健康监测与安全保障：健康监测是适老化智慧旅游平台不可或缺的一部分。平台可以与智能穿戴设备如智能手表、健康监测仪等设备对接，实现老年游客的实时健康数据追踪，如心率、血压、体温等信息。平台将根据健康数据为用户提供个性化的健康建议，及时发出预警提醒，保障老年游客的身体健康。在紧急情况下，平台可自动联动周边的医疗资源，确保游客在遇到突发疾病时能够得到及时救助。④ 社交互动与社区建设：老年游客往往更加重视与他人之间的互动与交流，平台应建设一个专属的在线社交平台，促进老年游客之间的信息交流与互动。通过建立兴趣小组、分享旅游经验、举办线上活动等方式，增强老年游客的社交性。同时，平台还可以根据用户的兴趣和需求，推荐其他有相似爱好的游客，从而形成更加紧密的旅游社区。⑤ 无缝连接的生态系统：为了确保老年游客在旅行中的每一环节都能享受到智能化、便捷化的服务，平台需建立一个涵盖旅游、健康、交通、餐饮、住宿、娱乐等全方位的智慧旅游生态系统。通过与多个相关领域的服务提供商进行资源整合，确保游客能够通过平台无缝衔接地体验一站式的旅游服务。例如，游客可以在平台上预订交通工具、酒店、景点门票，还能同步查看实时的健康数据与医疗服务信息。

二、用户体验优化与创新路径

为确保平台能够吸引并留住老年用户,优化用户体验至关重要。老年用户在使用数字平台时,往往面临视觉、听觉、操作习惯等方面的挑战。因此平台在设计时需要注重人性化设计与互动体验,确保操作简单、功能直观,且能够提供必要的帮助与支持。首先,平台的界面设计应简洁、直观。界面上的文字应清晰、字体适中,确保老年用户在使用过程中不因过小的字体或过于复杂的界面而感到困惑。色调方面,建议采用温和、明亮且具有高对比度的设计,使视力不佳的老年用户能够更加容易识别信息。此外,为了便于用户操作,平台的导航系统应尽量简化,避免多层级的菜单和复杂的选项。操作按钮应大而清晰,保证老年用户能够轻松点击。

为了进一步优化老年游客的体验,平台应当提供一键呼叫帮助、智能客服、实时定位等功能。在老年游客在使用过程中遇到任何困难时,可以通过平台的一键帮助按钮快速联系到在线客服,获得及时的解答与支持。同时,平台还应内置智能客服系统,利用人工智能技术回答用户的常见问题,提升问题解决的效率。

除了基础的操作便捷性,平台还应提供多元化内容与定制化服务,以适应老年游客的个性化需求。平台可以根据老年游客的兴趣、健康状况、旅行偏好等信息,推荐不同类型的旅游产品。例如,对于喜欢文化旅游的老年游客,平台可以推荐具有丰富历史背景的旅游景点;对于喜欢健康养生的老年游客,平台可以推荐温泉疗养或康复旅游线路。定制化服务方面,平台可以提供专业的旅行顾问,帮助游客规划旅行路线、安排活动,甚至根据健康需求调整行程。

在数据安全与隐私保护方面,平台应严格遵守相关法律法规,采取加密技术保护老年用户的个人信息与健康数据。平台需要明确告知用户其数据使用目的,并严格控制数据访问权限,防止信息泄露或滥用。对于老年人群体,尤其应确保其个人隐私得到最大程度的保护,提升他们对平台的信任感。

三、持续优化与技术升级

随着科技的不断发展,适老化智慧旅游平台也应与时俱进,持续进行优化与技术升级,以提升平台的性能和用户体验。AI与大数据技术的应用将是平台持续优化的重要方向。平台可以定期收集用户反馈,利用大数据技术对用户的需求、行为进行分析,及时调整和优化平台功能。例如,通过分析游客的旅游偏好,平台可以进一步精准地推荐适合的旅游线路和活动。同时,AI技术可以在平台的推荐系统中发挥关键作用,通过算法优化老年游客的出游推荐,确保推荐内容的准确性和相关性。

跨平台互通与资源整合也是智慧旅游平台优化的重要路径。为了打破信息孤岛,平台应实现与其他相关旅游平台、健康平台、社交平台等系统的数据互通与协同。例如,平台可以与智慧出行平台合作,实时提供公交、地铁等交通工具的位置信息;与健康监测平台对接,实时同步老年游客的健康数据;与社交平台整合,增强游客之间的互动与交流。通过资源整合,平台能够为老年游客提供更加全面的服务,提升旅游过程中的便利性和舒适感。

此外,平台在技术升级过程中,需关注新兴技术的应用。5G技术的普及将为平台带来更高速的网络传输速度,增强智能化服务的实时性;虚拟现实(VR)和增强现实(AR)技术可以为老年游客提供沉浸式的旅游体验,尤其是在无法亲自出行的情况下,利用VR技术实现"云旅游";智能语音助手将进一步优化老年用户与平台的互动体验,使老年游客能够通过语音指令更加轻松地完成操作。

第七章 智慧旅游与多产业融合发展的创新模式

第一节 智慧旅游＋康养：融合养老产业的实践路径

一、智慧旅游与康养结合的背景意义

我国自 2020 年起,随着"1960—1975"一代逐步进入 60 岁,这一代人数高达 2.53 亿,占全国总人口的 18.1％。这一代人在改革开放以来积累了大量的财富与资源,如今他们集体进入老龄化,这不仅是社会转型的标志,更预示着养老产业进入了一个全新的黄金发展时期。未来 20 年将是中国养老产业的"黄金 20 年",借助党的十九大报告提出的"加快老龄事业和产业发展"的契机,养老产业的顶层设计与政策架构逐渐成形,国家对这一领域的重视为产业发展注入了活力,势必催生一批国际级的养老和健康品牌。这一产业的迅速崛起将为中国带来无数经典的养老和康养产业案例。

因此,在政策支持方面,国务院的决策显示出明确的导向。国务院常务会议已将进一步促进民间投资和民营经济发展提上日程,并就养老产业的重点项目向民间资本开放。这些项目涵盖了环保、交通能源、社会事业等多个领域,其中康养小镇的建设已被提升至国家战略的高度。康养小镇以"健康"为核心,将健康产业、养老、养生、休闲和旅游功能有机融合,形成生态环境良好的特色小镇。《"健康中国 2030"规划纲要》也明确提出,健康产业应与养老、旅游、互联网、健身休闲、食品等领域深度融合,以此催生出健康新产业、新业态和新模式。这些政策为智慧旅游与康养结合提供了广阔的空间。进一步来看,《"健康中国 2030"规划纲要》明确提出到 2030 年健康产业的规模要达到 16 万亿元。作为未来国民经济的重要支柱产业,健康产业将在政策支持下稳步扩张。近年来,为加速医疗健康产业的发展,国家推行了"放管服"改革,意图通过简

政放权、优化服务来调动更多社会资源加入医疗健康产业链。这一改革方向为智慧旅游与康养的结合提供了重要的政策支持,激励了社会各界力量积极参与,推动这一市场不断壮大。

在这种政策导向下,人口老龄化对旅游需求和康养需求的双重推动作用愈加明显。老年人口的增多直接推动了康养需求的增长,而这一需求在旅游领域的表现尤为突出。由于传统的旅游服务难以满足老年人对于康养的特殊需求。同时智慧旅游应运而生,通过提供更加个性化、便利化的服务,可以为老年人提供全方位的健康支持。例如,通过智慧旅游平台,可以实现对老年游客健康状况的实时监测,提供个性化的健康管理服务,从而增强他们在旅行过程中的安全感。此外,老年人对于康养的需求也促使旅游业转向更加关注健康与安全的服务模式。智慧旅游通过智能化的设施和服务,例如可穿戴健康监测设备和智能导游机器人,为老年游客提供更安全、更便捷的旅游体验。智慧旅游平台还可以根据老年人的健康状况和兴趣爱好,推荐适合他们的康养旅游线路和项目,进一步实现康养需求与旅游活动的有效结合。随着生活水平的提高,老年人对于休闲旅游的需求已经不仅仅停留在观光层面,他们更注重旅游过程中的健康和舒适性。因此,康养旅游以"健康+旅游"为核心,通过温泉疗养、森林康养、山地疗养等多种模式,帮助老年人舒缓压力、恢复健康。在此背景下,智慧旅游通过整合康养资源,提供个性化的康养旅游服务,进一步提升了老年人群的旅游体验。

智慧旅游与康养的结合不仅是应对人口老龄化的一种策略,更是旅游产业升级的重要途径。在智慧旅游技术的支持下,可以更加精准地满足老年人群的个性化需求。智慧旅游平台通过大数据分析,能够深入了解老年游客的旅游偏好,推荐适合他们的旅游线路。同时,智慧旅游平台还可以提供实时健康监测与风险预警,确保老年人在旅行过程中的安全性。此外,智慧旅游与康养的结合还能够带动旅游产业链的延伸和升级。智慧旅游技术可以将康养服务与旅游目的地的资源深度整合,打造一体化的康养旅游生态系统。优质康养资源丰富的旅游地可以结合智慧旅游技术,推出健康咨询、康复理疗等配套服务,形成独特的康养旅游品牌,吸引更多老年游客前来体验。同时,智慧旅游与康养的结合还能为社会创造更多就业机会。康养旅游的发展需要大量的专业服务人员,例如健康顾问、导游和陪护人员,同时智慧旅游的技术支持也需要大量的工程师和技术人员。通过这种方式,不仅提升了老年人群的旅游体验,也有效地推动了社会就业,从而实现了经济效益与社会效益的双重收益。

二、智慧旅游在康养产业中的应用模式

智慧旅游在康养产业中扮演着越来越重要的角色,凭借智能化设施、健康管理系统以及大数据和人工智能的支持,为老年游客提供个性化的康养服务,提升其旅游体验。以下将从智慧设施和服务、智慧健康管理系统、大数据与人工智能支持三个方面阐述智慧旅游在康养产业中的应用模式。

1. 智慧设施和服务

智慧设施和服务是智慧旅游在康养产业中的基础支撑,通过先进的智能设备和平台,提升康养旅游的舒适度和安全性。智能健康监测设备在这一领域应用广泛,例如可穿戴式健康手环、便携式心电图仪等,这些设备可以实时监测老年游客的血压、心率、血氧饱和度等健康指标,一旦检测到异常数值,设备将会自动发出警报,并通知健康管理人员进行干预。通过这样的实时健康监测,康养景区能够及时应对突发状况,为老年游客提供更高的安全保障。与此同时,智慧旅游平台作为康养旅游的核心支持系统,整合了景区资源、医疗服务和游客管理等多项功能。比如,在一些康养度假区内,智慧旅游平台会集成导航、活动安排、健康咨询等服务,游客可以通过手机应用查看景区内的健康步道、康复理疗中心的预约情况,甚至可以直接预约个性化的康养项目。这种智能化的服务不仅提升了旅游的便利性,还通过精确的服务安排提高了康养的专业性。例如,在中国的某些康养小镇,智慧旅游平台可以根据游客的健康状况推荐适合的康养活动,并在活动结束后提供健康反馈,使康养旅游真正做到个性化和精准化。

海南博鳌乐城国际医疗旅游先行区是我国智慧旅游和康养产业结合的标杆案例。乐城先行区配备了先进的智能健康监测设备,例如可穿戴式健康设备、便携式心电图仪等,这些设备能够实时监测游客的血压、心率、血氧饱和度等关键健康指标,为游客提供全天候的健康保障。同时,乐城先行区依托智慧旅游平台,集成了景区导览、健康咨询和预约服务等多种功能。游客通过手机应用,可以查看景区内各类康养设施的位置、排队情况,甚至直接预约体检或康养疗程,实现健康管理和旅游体验的无缝对接。除此之外,乐城先行区内的一些康养中心提供了智能床垫,当游客休息时,床垫能够检测其睡眠质量、心率等数据,发现异常会自动向医护人员发出提醒。这种智慧设施的应用让老年游客能够在旅途中获得贴心的健康保障,避免了因不适应环境或体力不支而导致的健康风险。

2. 智慧健康管理系统

智慧健康管理系统在康养旅游中的应用大大提升了健康管理的效率和精准

度。针对老年游客这一特殊群体,智慧健康管理系统可以通过可穿戴设备和传感器,实时采集健康数据,并将数据同步到云端平台进行分析和管理。系统可以根据每位游客的健康状况生成个性化的健康档案,并为游客提供实时健康建议。例如,在游客参加森林步道活动前,系统可以根据其血压、心率等指标建议其步行时间和运动强度,确保其在安全范围内进行活动。此外,智慧健康管理系统还可以通过数据分析发现老年游客在不同季节、不同环境下的健康变化趋势。例如,在中国某些山地疗养景区,智慧健康管理系统根据老年游客在高海拔地区的血氧饱和度和心率数据,动态调整他们的活动安排,并提醒游客注意补充水分和休息。系统在提供个性化建议的同时,也帮助康养景区更好地掌握老年游客的健康状况,及时调整康养计划。这不仅提升了旅游的安全性,还让老年游客的康养体验更加科学、健康。

大同市黄经世家康养小镇以中医颐养、智慧康养、温泉度假、文体旅游四大体系搭建核心业态,提供百种康养服务内容及旅居服务项目。小镇与华为终端有限公司合作,构建了基于"看护、适老、健康"的智慧康养体系。该体系通过华为全屋智能 AI 传感器实时监测老年人健康状况,包括心率、血压等关键指标,一旦发现异常即发出警报。小镇还应用智能适老化设计,根据老年人的生活习惯智能调整室内光照、温度和音乐等环境因素,提升居住体验。此外,智慧健康管理系统利用智能穿戴设备采集健康数据,建立个人健康档案,通过大数据和人工智能技术分析健康趋势,提供个性化的健康建议和康养方案。所有数据整合在智慧健康管理平台上,实现对老年人健康的全方位管理,为老年游客提供安全、舒适的康养环境,提升康养服务的质量与效率。

3. 大数据与人工智能支持

大数据和人工智能技术在康养旅游中的应用,使得老年游客的需求和偏好得以被精准分析,为康养产业提供了数据支持和个性化服务方案。通过收集和分析老年游客的行为数据、健康数据及反馈意见,大数据系统可以掌握不同年龄层、健康状况的游客在康养旅游中的不同需求,进而为每位游客提供更为贴合的服务。比如,大数据可以分析游客的活动偏好,发现他们是否偏爱静态的养生项目如温泉疗养,还是喜欢轻度的户外活动如低强度登山或徒步。人工智能技术则可以进一步提升服务的智能化水平,例如在旅游预订和行程推荐中,AI 可以根据游客的健康状况、历史活动偏好等数据,为其智能生成个性化的康养旅游方案。以国内一些智慧旅游康养平台为例,AI 系统能够对游客的出游行为进行精准预测,推荐合适的康养项目、膳食方案等。此外,AI 还可以基于实时健康数据进行风险预测,对可能出现的健康问题进行预警。例如,在高强度活动前,AI可以根据游客的心率变化预测是否适合参与,并建议调整或暂停活动。通过这样的技术支持,康养旅游服务能够以数据为依托,为每位游客提供更具针对性的康养建议,使康养旅游在安全性、科学性和个性化方面达到更高的水平。

天津市的AI银发智能服务平台通过"1+2+6+N"体系架构("1":一个平台,指的是AI银发智能服务平台的主框架,汇集了不同类型的数据和服务,形成一个集中管理和调度的系统。"2":两种核心能力,即智能语音和大数据分析能力。智能语音为老年人提供了便捷的互动方式,降低了对智能设备操作的复杂度;大数据分析则实现了对用户需求的深度挖掘和行为模式的预测。"6":六大功能模块,涵盖了健康管理、随身监护、情感陪伴、安全管理、娱乐休闲和生活服务等方面。"N":代表该平台可以支持的多种服务和扩展模块,以满足不断变化的老年人需求。)结合大数据和人工智能技术,为老年人提供健康管理、主动关怀和随身监护等服务。该平台利用智能语音和大数据分析,不仅实现了对老年游客需求和偏好的精准分析,还能够根据个体健康状况提供定制化的康养服务方案,为康养旅游产业带来了数据支持和个性化服务。通过对用户行为数据的积累和分析,平台帮助康养旅游企业设计符合老年人需求的产品,为老年游客提供更加安全、贴心的康养体验,同时推动了康养产业的精准化和智能化发展。

三、智慧旅游＋康养的场景应用

1. 智慧康养度假村/疗养基地

智慧康养度假村或疗养基地是指利用现代信息技术,如物联网、大数据、人工智能等,构建集健康管理、娱乐康养、生活护理于一体的综合性服务平台。其核心在于通过智慧化手段,实现对游客或疗养者的全方位健康监测、个性化康养方案制定,以及高效便捷的生活服务。这种模式不仅提升了康养服务的质量和效率,也为游客提供了更为舒适和安全的度假体验。

在智慧康养度假村中,健康管理是基础。通过可穿戴设备、智能终端等,实时监测游客的生理指标,如心率、血压、血糖等。这些数据通过物联网技术传输至后台系统,经过大数据分析,生成个性化的健康报告,并提供相应的健康建议。同时,度假村内设有专业的医疗团队,随时为游客提供医疗咨询和紧急救助服务。娱乐康养方面,智慧度假村利用虚拟现实(VR)、增强现实(AR)等技术,为游客提供丰富的康养娱乐项目。例如,虚拟瑜伽课程、沉浸式冥想体验等,既满足了游客的娱乐需求,又有助于身心健康。此外,度假村内的设施,如健身房、游泳池等,也配备了智能设备,能够根据游客的健康状况和偏好,制定个性化的运动方案。生活护理方面,智慧度假村通过智能家居系统,为游客提供便捷的生活服务。例如,房间内的温度、湿度、光线等环境参数可自动调节,以满足游客的舒适需求。智能语音助手可提供天气预报、景点介绍、餐饮推荐等信息服务。此外,度假村内的餐饮服务也实现了智慧化,游客可通过手机应用预订餐点,系统根据其健康状况和饮食偏好,推荐合适的菜品。

南京金茂汤山温泉康养小镇是智慧康养度假村的典型代表。该项目位于南京市江宁区汤山街道,依托当地丰富的温泉资源,结合现代科技手段,打造集温泉疗养、健康管理、娱乐康养、生活护理于一体的智慧康养度假村。在健康管理方面,小镇为每位游客建立电子健康档案,利用可穿戴设备实时监测游客的健康数据,并通过大数据分析,提供个性化的健康建议。娱乐康养方面,小镇引入了VR技术,提供虚拟温泉体验、虚拟瑜伽课程等项目,丰富了游客的康养娱乐选择。生活护理方面,小镇的客房配备了智能家居系统,游客可通过语音控制房间内的灯光、空调、窗帘等设备,享受便捷的智慧生活服务。通过智慧化手段,南京金茂汤山温泉康养小镇提升了康养服务的质量和效率,为游客提供了全新的康养度假体验。

2. 智慧医疗结合的康养旅游

智慧医疗结合的康养旅游是一个创新的旅游模式,它将健康管理与旅游业相结合,旨在为游客提供全方位的健康服务体验。这种模式不仅仅是传统意义上的健康休闲旅游,而是通过整合医疗资源、现代科技与旅游资源,提供精准的健康监测、个性化的健康管理服务及康复护理等综合性服务,形成“医旅融合”的康养旅游生态。在这种模式下,游客不仅可以享受传统的旅游景点与休闲活动,还可以在旅途中获得体检、疾病预防、康复治疗、心理疏导等专业的医疗服务。尤其对于老年群体、亚健康人群及需要康复治疗的游客来说,这种旅游形式能够提供更为专业的健康保障和个性化的健康管理建议。智慧医疗技术通过远程监控、健康数据分析和人工智能算法,可以帮助游客实时掌握身体状况并获得专业建议,甚至在有急症的情况下,能够迅速与医疗机构进行远程会诊和干预,极大地提升了旅游中的健康安全感和舒适度。

山东省青州市的高端康养项目将旅游功能与养老服务深度融合,创造了“医养游”一体化的新模式。通过开发“旅居式”和“候鸟式”康养服务,老年人可以在旅游景区、生态环境中享受养老生活,满足了他们对自然环境、文化活动和身心放松的需求。例如,东篱居养老公寓与医疗机构合作,提供了便捷的就医绿色通道,为突发疾病的老年人提供及时救治,并让他们在度假式的环境中安心康养。此外,青州市的医养结合模式中还特别融入了中医药特色,通过中医康复技术为老年人提供个性化的治疗方案。青州市中医院的老年科利用中医的特色疗法,如针灸、推拿、艾灸等,帮助患有慢性疾病的老年人缓解病痛,提升自我调节能力。结合现代康复手段和传统中医的疗效,老年人的身心健康得到双重保障,增强了他们的生活质量和自理能力。这种模式不仅提升了老年人的生活质量和健康保障,也推动了"医养结合"和"康养旅游"协同发展的新局面。青州市的成功实践证明了智慧医疗和养老服务的深度融合不仅可以提升老年人的健康水平,还能为他们提供更加丰富和多元化的生活体验,真正实现了"老有所养,病有所医,乐有所享"。

3. 智能化养老社区与旅游功能结合

智能化养老社区与旅游功能结合是为老年人提供的一种创新康养模式,通过融合智慧科技与旅游资源,打造出"家在景区"的生活体验。随着老龄化社会的到来,传统的养老模式已经逐渐不能满足老年人日益多样化的需求,尤其是对生活质量和精神愉悦的追求。智能化养老社区结合旅游功能的出现,旨在为老年人提供一个集健康管理、社交娱乐和休闲旅游于一体的全方位生活服务平台。

这一模式的核心是将智能化设施、医疗健康、文化娱乐和旅游资源有机结合。通过智能化设备(如智能家居、健康监测设备、远程医疗系统等),实现对老年人健康状况的实时监测和个性化管理。智能设备能够帮助老人更方便地进行日常生活管理,并在出现健康问题时,自动提醒和提供解决方案。此外,社区内的设计不仅注重老年人的居住舒适性,还将景区、休闲区、旅游资源等元素融入其中,创造一个老年人能够自由享受自然美景、参与文化活动并享受愉悦生活的环境。智能化养老社区与旅游功能结合的模式,不仅为老年人提供了一个"老有所养"的地方,更是一个"老有所乐"的平台。老人在这里可以通过智能设备参与社交活动、进行身心锻炼、享受健康饮食,同时也可以像度假一样享受旅行般的日常生活。通过将老年人的日常生活与旅游景区有机结合,使他们在享受优质生活的同时,还能满足精神和文化层面的需求。

湖北省宜昌市通过充分利用本地的自然资源、文化资源和养老机构资源,打造出了一条结合旅游与养老的创新路径。在这种模式下,老年人不仅能够享受旅游带来的精神愉悦,还能在旅途中体验到专业的养老服务。通过旅居专委会的组织,多个养老机构联合推出定制化的旅居线路和服务,使老年人能够在宜昌的各大景区、康养小镇中享受"家在景区"的生活体验。此外,宜昌市政府对康养旅居产业的支持也为这一模式的推广提供了有力保障。通过多方合作,宜昌成功吸引了大量全国各地的老年游客,推动了康养旅居的快速发展。智能化技术的引入以及全方位的服务保障,使得宜昌的康养旅居游不仅能提供一个温馨舒适的养老环境,还能让老年人享受健康、愉悦的生活。

第二节　智慧旅游＋文化：推动老年文化旅游的发展

一、智慧旅游与文化产业融合的背景意义

1. 文化产业和旅游业在经济和社会层面的重要性

文化产业和旅游业在经济和社会层面都具有显著的重要性,而两者的融合则顺应了市场需求,展现出巨大的发展潜力。

首先,文化产业是推动经济增长的重要力量,涵盖了艺术、设计、媒体、出版等多个领域,为经济提供了多元化的收入来源。文化产业的发展有助于提升产业结构和推动产业升级,形成新的经济增长点。在社会层面,文化产业在传承历史、弘扬文化、提升国民文化素养等方面发挥着重要作用。它促进了社会凝聚力和社区发展,增强了民族自豪感和文化自信。

旅游业同样是国民经济的支柱产业之一,对经济增长、就业增加、区域协调发展等方面都有显著贡献。旅游业的发展能够带动餐饮、住宿、交通等相关产业的发展,形成产业链效应。此外,旅游业为人们提供了休闲、娱乐和放松的机会,提升了人们的生活质量。它还促进了文化交流与国际合作,有助于增进各国人民之间的友谊与理解。

随着人们生活水平的提高和消费观念的转变,游客对旅游产品的需求越来越多样化、个性化。他们不仅希望欣赏到美丽的风景,还希望深入了解当地的文化和历史。越来越多的游客希望在旅游过程中获得丰富的文化体验,如观看传统文化表演、参与传统手工艺制作等。随着科技的发展,游客对旅游产品的创新性和科技含量也有了更高的要求。他们希望借助虚拟现实、增强现实等技术手段获得更加沉浸式的文化体验。

文化产业与旅游业的融合能够催生新的旅游产品和业态,如文化旅游综合体、文化创意产业园区等。这些新产品和业态能够满足游客的多样化需求,拓展旅游市场。两者的融合有助于推动旅游产品的创新和服务模式的升级。通过引

入新的科技手段和文化元素,可以提升旅游产品的吸引力和竞争力。此外,文化产业与旅游业的融合能够带动相关产业的发展和产业链的整合,形成更加完善的产业体系和更加高效的运营模式。

综上所述,文化产业和旅游业在经济和社会层面都具有重要地位,而两者的融合则顺应了市场需求并展现出巨大的发展潜力。未来,随着科技的进步和消费者需求的不断变化,文化产业与旅游业的融合将呈现出更加多元化、创新化和智能化的特点。

2. 对适老化建设的意义

旅游作为一种提升生活质量和丰富精神文化生活的重要方式,在老年人健康生活中发挥着不可替代的作用。然而,老年人在旅游过程中常常面临信息获取不便、安全保障不足以及服务质量欠缺等问题,而智慧旅游与文化产业的深度融合为解决这些问题提供了切实的路径。

首先,智慧旅游通过技术创新显著提升了老年人旅游的便利性。智能终端设备和互联网平台使信息获取更加便捷,老年人可以随时通过手机或平板电脑了解景点介绍、交通状况和酒店预订等信息。这一便利不仅降低了老年人获取信息的难度,也提高了出行的安全性和便利性。此外,通过大数据和人工智能技术,智慧旅游能够根据老年人的健康状况和兴趣爱好,提供个性化的旅游产品和服务,例如定制化的旅游路线、智能导览以及历史文化背景的生动讲解,这些都大大增强了老年人的旅游体验。

其次,文化旅游的多样性满足了老年人丰富精神生活的需求。老年人对文化内涵深厚的旅游目的地和传统艺术活动表现出浓厚兴趣,例如山西的平遥古城、云冈石窟和五台山等历史遗迹,吸引了大量老年游客参与历史文化探索。同时,诸如剪纸、陶艺和皮影等传统技艺体验活动,不仅丰富了老年人的精神生活,也让他们通过亲身实践感受到中华传统文化的独特魅力。此外,红色旅游线路如长沙-韶山、西安-延安等,不仅激发了老年人的爱国情感,还结合了自然风光与人文景观,为老年人提供了深层次的文化体验。

最后,智慧旅游与文化融合有效回应了老年人的特殊需求。在健康方面,老年人更倾向于选择气候宜人、环境优美的目的地,同时参与温泉疗养、健康养生等活动以保持身心健康。智慧旅游通过实时健康监测、个性化服务推荐等技术,能够满足这一需求。在安全方面,智慧旅游结合物联网和智能监控技术,实现对老年游客的安全监测,当紧急情况发生时,系统可发出警报并提供救援服务,从而提高了老年游客的安全感与信任度。与此同时,旅游服务质量的提升也是关键。智慧旅游通过细致的服务设计和高效的运营模式,为老年人提供更加贴心的服务,如导游耐心讲解、营养餐饮定制等,进一步满足老年人对高品质旅游的期待。

由此可以看出,智慧旅游与文化产业的融合不仅为老年人提供了更便利、更安全、更有文化深度的旅游体验,还在提升老年人生活质量、促进身心健康以及缩小数字鸿沟方面发挥了重要作用。这一融合模式为适老化建设提供了新的路径,为老龄化社会背景下的智慧旅游发展奠定了坚实基础。

二、智能技术赋能老年文化旅游新体验

1. 数字导览与虚拟体验

在数字导览与虚拟体验方面,智能技术为老年文化旅游带来了前所未有的便捷与沉浸感,深度满足了老年人对文化旅游的需求。

(1) 数字导览:精准便捷的信息获取。智慧旅游利用先进的数字化手段,为老年游客提供了精准、便捷的导览服务。通过移动应用或导览设备,老年游客可以轻松地获取到准确的景点介绍、历史背景、艺术品解读等导览信息。这种智能导览服务不仅提升了游客的参观体验,还为文旅机构提供了更有效的游客管理手段,促进了游客与文化遗产的互动和理解。老年游客可以根据自己的兴趣和身体状况,选择适合的导览内容和节奏。例如,他们可以选择语音导览,避免长时间阅读文字造成的视觉疲劳;或者选择视频导览,通过生动的影像了解景点的历史和文化背景。这些数字化导览方式不仅降低了老年人的体力负担,还让他们能够更加深入地了解文化背景,提升对文化的认知和欣赏。

(2) 虚拟体验:身临其境的历史穿越。应用 VR/AR 技术是智慧旅游在数字导览与虚拟体验方面的又一重要创新。通过 VR/AR 技术,老年游客可以"穿越"历史,享受身临其境的文化体验。利用 VR 技术,老年游客可以戴上头显设备,瞬间置身于古代宫殿、战场或历史名城之中。他们可以在虚拟环境中自由探索,仿佛穿越时空回到了过去。通过高精度的三维建模和逼真的音效,VR 技术为老年游客提供了极致的沉浸感。他们可以在虚拟世界中与历史人物互动、观赏古代建筑、聆听历史事件的讲解,从而获得更加直观、深刻的历史文化体验。而且,AR 技术则可以将虚拟信息叠加到真实世界中,为老年游客提供更加丰富多样的互动体验。例如,在博物馆或展览馆中,老年游客可以通过手机或平板电脑扫描展品上的二维码或图片,即可在屏幕上看到与该展品相关的虚拟信息或动画。这些信息可以包括展品的历史背景、制作工艺、文化内涵等,帮助老年游

客更加深入地了解展品。同时，AR 技术还可以提供交互式的操作体验，如旋转展品、放大细节等，让老年游客在互动中感受文化的魅力。

（3）定制化服务：满足个性化需求。智慧旅游还通过大数据分析和人工智能技术，为老年游客提供定制化的服务。例如，根据老年游客的兴趣爱好、身体状况和游览历史等数据，智能系统可以推荐适合他们的景点、活动和导览方式。这种个性化的服务不仅提升了老年游客的游览体验，还让他们能够更加充分地享受文化旅游的乐趣。数字导览与虚拟体验作为智慧旅游的重要组成部分，为老年文化旅游带来了前所未有的便捷与沉浸感。通过数字化手段和智能技术的赋能，老年游客可以更加轻松、深入地了解文化背景和历史事件，享受更加丰富多彩的文化旅游体验。

2. 个性化定制与精准推荐

智慧旅游中的大数据分析技术能够捕捉老年人的旅游偏好，为其提供个性化的文化旅游行程推荐。结合老年人对文化深度游的需求，提供专属行程，如历史古迹游、书法艺术展、茶文化体验等，提高老年人对旅游的参与感和满意度。智慧旅游中的大数据分析技术发挥着至关重要的作用，它如同一位贴心的旅行顾问，精准捕捉老年人的旅游偏好，并为其量身打造个性化的文化旅游行程，极大地提升了老年人对旅游的参与感和满意度。

（1）大数据分析：洞察老年人旅游偏好。智慧旅游平台通过收集和分析老年人的旅游数据，包括历史游览记录、搜索行为、消费习惯、健康状况等，能够深度洞察老年人的旅游偏好和需求。例如，一些老年人可能对历史古迹充满兴趣，渴望深入了解古代文明的辉煌；而另一些则可能对书法艺术展情有独钟，希望通过参观展览提升自己的艺术修养；还有老年人对茶文化有着深厚的情感，希望能在旅途中体验泡茶、品茶的乐趣。大数据分析技术能够将这些零散的数据点串联起来，形成一幅完整的老年人旅游偏好画像。这不仅有助于旅游机构更加精准地把握市场需求，也为老年人提供了更加贴心的旅游服务。

（2）个性化行程推荐：专属定制的文化深度游。基于大数据分析的结果，智慧旅游平台能够为老年人提供个性化的文化旅游行程推荐。这些推荐不仅符合老年人的兴趣偏好，还充分考虑了他们的身体状况和游览需求。对于喜欢历史文化的老年人，平台可以推荐一条涵盖多个历史古迹的游览线路，如故宫、颐和园、兵马俑等。同时，提供详细的历史背景介绍和导览服务，让老年人在游览中深入了解中国古代文明的辉煌。对于热爱书法的老年人，平台可以推荐参观各类书法艺术展，如中国美术馆的书法展、地方博物馆的书法特展等。在展览现场,老年人可以欣赏到不同风格、不同时期的书法作品,感受书法的魅力和文化内涵。对于喜欢品茶的老年人,平台可以推荐茶文化体验游,如参观茶园、了解茶叶的采摘和制作过程、参加茶艺表演等。在体验中,老年人可以亲手泡茶、品茶,感受茶文化的独特魅力。

（3）提高老年人旅游参与感和满意度。个性化定制的文化旅游行程不仅满足了老年人的兴趣需求,还提高了他们对旅游的参与感和满意度。通过深入的文化体验,老年人可以更加全面地了解中国的历史和文化,增强文化自信和民族自豪感。同时,个性化的行程安排也充分考虑了老年人的身体状况和游览需求,让他们能够在旅途中保持愉悦和舒适。

3. 智能交通与辅助设备

智慧旅游可通过智能交通系统和辅助设备,让老年人更便捷地参与文化旅游。通过智慧公交、智能步道、老年友好导航系统等,为老年人提供无障碍的旅游出行环境。同时,智能穿戴设备也可以随时监测老年游客的健康数据,提升旅游安全性。

（1）智能交通系统：打造无障碍旅游出行环境。智慧公交系统：智慧公交系统通过 GPS 定位、实时路况监测和智能调度,为老年人提供准确的公交到站时间和路线规划。老年人可以通过手机 APP 或公交站台显示屏查看下一班公交车的到站时间,减少等待时间,提高出行效率。部分智慧公交还配备了低地板设计、无障碍通道和座位预留,方便老年人上下车和乘坐。此外,公交车内还可能设有老年专座和扶手,以增加乘坐的安全性。

智能步道与观光车：在景区内,智慧旅游可以引入智能步道系统,通过智能感应和数据分析,为老年人提供个性化的步道游览建议。步道沿途设有休息站、饮水点和紧急呼叫设备,确保老年人在游览过程中的舒适和安全。同时,景区内还可以提供智能观光车服务,老年人可以轻松乘坐观光车游览景区,避免长时间步行带来的疲劳。

老年友好导航系统：智慧旅游平台还可以开发老年友好导航系统,该系统采用大字体、简单明了的界面设计,以及语音导航功能,方便老年人使用。系统可以根据老年人的出行需求和身体状况,提供个性化的游览路线和交通方式建议。

（2）智能穿戴设备：实时监测健康数据,提升旅游安全性。智能穿戴设备在智慧旅游中发挥着重要作用,它们可以实时监测老年游客的健康数据,包括心率、血压、步数等,及时发现异常情况并采取措施。

健康监测手环：老年游客可以佩戴健康监测手环,手环能够实时监测他们的心率、血压等关键健康指标。一旦监测到异常数据,手环会立即发出警报,并通过手机 APP 通知家属或导游,以便及时采取救助措施。

紧急呼叫功能：智能穿戴设备通常还具备紧急呼叫功能,老年游客在遇到紧急情况时,只需按下手环上的紧急按钮,即可向家属或景区救援中心发出求助信号,确保他们能够迅速获得帮助。

定位与追踪：通过 GPS 定位技术,智能穿戴设备可以实时追踪老年游客的位置。家属或导游可以通过手机 App 查看老年游客的实时位置,确保他们在旅游过程中的安全。

4. 智慧景区与沉浸式体验

智慧旅游＋文化可为老年人提供全方位的沉浸式旅游体验。例如,智能化景区可以通过互动屏、语音导览、电子导游等方式展示丰富的文化内容,让老年人更深入了解景点背后的文化和历史,避免因信息过少而失去兴趣。

(1) 智慧景区：科技赋能,文化生动展现。智慧景区通过集成多种智能技术,将传统景区升级为充满科技感和互动性的旅游目的地。对于老年人而言,这些技术不仅使旅游更加便捷,还极大地丰富了他们的游览体验。

在景区内,互动屏和数字展示成为文化内容传播的重要载体。通过高清触摸屏,老年人可以轻松浏览景点的历史背景、文化故事和特色介绍。这些展示内容通常以图文、视频、动画等多种形式呈现,既直观又生动。互动屏还支持多点触控和手势操作,老年人可以通过触摸屏幕来放大图片、播放视频或查看详细信息,满足他们对文化知识的深入探索需求。

语音导览与电子导游：语音导览和电子导游是智慧景区的另一大亮点。老年人可以通过佩戴耳机或使用智能手机等设备,听取景点的语音介绍和解说。这些导览内容通常经过精心策划和录制,语言简洁明了,易于理解。电子导游则提供了更加个性化的服务。它们可以根据老年人的兴趣和需求,提供定制化的游览路线和导览内容。通过电子导游,老年人可以更加自由地探索景区,享受个性化的旅游体验。

(2) 沉浸式体验：身临其境,感受文化魅力。沉浸式体验是智慧旅游与文化深度融合的又一重要方向。通过模拟、还原和再现历史文化场景,老年人可以身临其境地感受文化的魅力。

VR/AR 技术应用：在智慧景区中,VR/AR 技术被广泛应用于沉浸式体验中。老年人可以通过佩戴 VR 头显设备或使用手机等移动设备,进入虚拟的历史文化场景中进行游览和互动。例如,他们可以在虚拟的古代宫殿中漫步、观赏古代建筑和艺术品;或者在虚拟的战场上体验古代战争的激烈和残酷。AR技术则可以将虚拟的文化元素叠加到真实场景中,为老年人提供更加丰富的视觉体验。例如,在博物馆或古迹遗址中,老年人可以通过扫描展品或遗址上的二维码或图片,查看与该展品或遗址相关的虚拟信息或动画。

互动体验与角色扮演:除了VR/AR技术外,智慧景区还可以通过互动体验和角色扮演等方式为老年人提供沉浸式的文化体验。例如,在景区内设置互动游戏或角色扮演活动,让老年人扮演历史人物或参与历史事件的重演。通过参与这些活动,老年人可以更加深入地了解历史文化的背景和内涵。

智慧景区与沉浸式体验是智慧旅游与文化深度融合的重要方向,它们为老年人提供了前所未有的全方位旅游体验,使他们在游览过程中能够更深入地了解景点背后的文化和历史,从而极大地提升了旅游的趣味性和教育价值。

三、智慧旅游+文化在老年人旅游中的场景应用

1. 智慧博物馆与智慧展览

智慧博物馆与智慧展览通过先进技术的应用,为老年人提供了全新的文化体验和便捷的游览服务。在智慧博物馆中,AR导览技术通过增强现实将历史文化元素与现实场景相结合,使老年人能够通过智能设备或AR眼镜沉浸式地体验历史文化,例如复原文物的原貌、展示其使用场景和制作工艺,或深入了解绘画的创作背景和艺术价值。此外,智能翻译系统支持多语言识别和翻译,帮助老年人克服语言障碍,获取展品详细信息和导览提示。而多媒体展示技术通过高清投影、3D打印和虚拟现实等方式,将静态展品转化为动态、立体的呈现形式,生动再现历史场景和文化背景,使老年人在游览中获得更加直观而丰富的文化感知。同时,语音识别服务允许老年人通过语音提问,实时解决观展中的困惑,为其提供便捷的互动方式。

智慧展览进一步拓展了文化体验的维度,通过科技手段增强展览的趣味性和互动性。互动体验区让老年人可以通过触摸屏幕、模拟操作等方式与展品互动,更深入地了解展品的背景和制作工艺;线上展览平台则打破了时间和空间的限制,使老年人能够随时随地通过互联网浏览展览内容,解决了因身体原因无法亲临展览的问题。智慧展览中还引入了智能导览机器人,根据老年人的需求和兴趣提供个性化的导览服务和内容讲解,显著提升了观展体验。在智慧旅游与文化深度融合的背景下,智慧博物馆与智慧展览以其创新的服务形式和科技手

段,不仅克服了老年人因视力、听力和体能限制带来的信息获取障碍,更为其创造了丰富而有深度的文化享受。

上海博物馆为老年游客提供了个性化的语音导览服务,游客可以根据个人需求选择合适的语言和字体大小,帮助视力较差的老年游客更容易获取展品信息。此外,上海博物馆还设置了多个互动触摸屏,老年游客可以通过触摸屏简单地获取展品的详细信息,避免了传统文字说明难以阅读的问题。触摸屏的界面设计大字体、大图标,并具备简便的操作方式,确保了老年游客能够轻松上手。博物馆还结合多元化的展示方式,如大屏幕展示和投影技术,让老年游客可以直观感受到历史文化的震撼和细节。这些智慧化设计,不仅提升了老年游客的参观便利性和舒适度,还增强了他们与展品的互动性和沉浸感,尤其是那些行动不便的游客,能够在博物馆内享受更便捷和愉悦的参观体验。

2. 文化主题小镇

智慧旅游的引入为文化主题小镇注入了全新的活力,使其成为老年游客休闲度假的理想之选。这些小镇不仅保留了传统文化的精髓,还通过智能化服务和数字化展示技术,为老年游客打造了便捷、丰富且具有深厚文化底蕴的旅游体验。在这些小镇中,古村落的复原与智能服务的结合尤为突出。通过对具有历史意义的古村落进行复原和保护,同时融入智能导览系统和数字展示技术,老年游客可以通过手机 App 或景区内智能终端,详细了解景点的历史背景、游览路线及文化故事。这些导览系统支持大字体显示、多语言切换和语音播报,极大地方便了老年游客获取信息。此外,智能照明、环境监测和安防系统实时为老年游客提供安全、舒适的游览环境,空气质量、温湿度等数据的实时监测更为游客的身心健康提供了保障。

在文化体验方面,文化主题小镇设置了非遗工坊,以展示和传承地方非物质文化遗产。这些工坊通过实物展示与数字化手段结合,例如利用 VR 技术重现传统工艺品的制作过程,使老年游客能够身临其境地感受到传统文化的独特魅力。此外,老年游客还可以亲自参与传统技艺的制作,如剪纸、陶艺或编织等手工艺活动,通过与匠人的交流,深刻体会到传统文化背后的智慧与内涵。工坊还提供智能化定制服务,根据游客的兴趣和需求,制作个性化的手工艺品,使他们在文化体验中感受到专属的满足感。

智慧旅游技术也使老年游客的出行更加便利。在文化主题小镇内,智能定位与导航服务实时为老年游客提供当前位置信息,并指引他们前往最近的服务点、景点或交通站点。即使在没有网络或信号不佳的情况下,离线地图和语音播报功能依然能确保导航的流畅性。此外,移动支付的普及使老年游客在购物、餐饮和住宿方面更加便捷。这些支付系统不仅支持手机支付和银行卡支付,还能够兼容多种支付方式,满足不同老年游客的支付习惯和喜好。与此同时,文化主题小镇还通过智能停车、智能寄存、智能餐饮预订等便捷服务,进一步优化了老年游客的旅游体验。例如,智能停车系统能够实时显示空余车位并提供导航,智能餐饮预订系统则让游客提前选择符合健康需求的餐食,这些贴心的设计不仅减少了游客的等待时间,也让整个旅程更高效、更舒适。通过智慧旅游与文化产业的深度融合,文化主题小镇真正实现了从文化保护到旅游体验的全面升级,为老年游客提供了一个既能深度感受文化魅力又能享受现代便捷服务的理想旅游目的地。这种模式既满足了老年游客日益多样化的需求,也为适老化智慧旅游的发展树立了标杆。

安徽宏村作为中国最具代表性的古村落之一,以其保存完好的徽派建筑、独特的水系布局以及深厚的文化底蕴而闻名。以传统文化为主题,通过复原古村落、设立非遗工坊等方式,为游客提供深度的传统文化体验。宏村风景区引入了智能导览系统、智能定位服务、移动支付等智慧旅游应用,为老年游客提供了便捷、舒适的游览体验。在古村落中,老年游客可以通过手机 APP 获取详细的景点介绍和游览路线;在非遗工坊中,他们可以通过 VR 技术了解传统手工艺品的制作过程,并亲自参与制作;在餐饮和住宿方面,他们可以通过移动支付和智能预订系统完成消费和预订。

3. 红色旅游与历史遗址

红色旅游作为一种独特的旅游形式,深受老年人的喜爱。通过 AR 重现历史场景、利用智能讲解设备呈现历史事件,让老年人亲身感受革命先烈的英勇事迹,深入了解红色文化的深厚底蕴。具体可以通过打造智慧化的红色旅游线路,通过 AR 重现历史场景、利用智能讲解设备呈现历史事件,帮助他们更好地理解和体验红色文化。

AR 重现历史场景,利用 AR 技术,景区可以在红色旅游线路的关键节点上设置 AR 导览点。当老年游客使用智能手机或 AR 眼镜等设备扫描特定的标识时,屏幕上就会呈现出与该地点相关的历史场景。例如,在革命纪念馆前,AR技术可以重现当年革命战士们英勇奋战的画面,让老年游客仿佛置身于那个烽火连天的年代。AR 技术不仅可以重现历史场景,还可以提供互动体验。老年游客可以通过 AR 设备参与虚拟的历史事件,如模拟战斗、参观革命遗址等,从而更加深入地了解红色文化的内涵。

　　智能讲解设备呈现历史事件,在红色旅游线路中,景区可以设置智能讲解设备,如智能导览机、语音导览系统等。这些设备可以根据老年游客的需求和兴趣,提供个性化的讲解服务。例如,在参观革命遗址时,智能讲解设备可以自动播放与该遗址相关的历史事件和人物故事,帮助老年游客更好地了解革命历史。智能讲解设备还可以支持多语言切换和语音播报功能,方便老年游客根据自己的语言习惯和听力水平进行选择。同时,这些设备还可以提供实时导航和定位服务,帮助老年游客在游览过程中不会迷路或错过重要的景点。

　　除了现场的智慧化服务外,还可以将红色旅游线路与线上平台相结合,提供全方位的旅游服务。例如,通过官方网站、微信公众号等渠道,老年游客可以提前了解红色旅游线路的详细信息、预约参观时间、购买门票等。同时,线上平台还可以提供虚拟游览、在线讲解等服务,方便老年游客在无法亲自到场的情况下也能感受到红色文化的魅力。

　　庐山景区作为江西省的著名旅游胜地,不仅自然风光秀丽,而且红色旅游资源丰富。为了更好地满足游客的需求,提升旅游体验,庐山景区积极推进智慧旅游建设,将现代科技手段融入红色旅游线路中。庐山在交通索道旁设立了智慧旅游展示中心,利用数字柱、飞跃庐山、翼装飞行等高科技展示手段,为游客提供沉浸式的旅游体验。展示中心内还设有AR拍照、虚拟漫游、虚拟驾驶等项目,让游客能够身临其境地感受庐山的美丽风光和红色历史。同时,庐山景区通过引入5G和VR技术,实现了景区的智慧化管理和服务。游客可以佩戴AR眼镜,体验虚拟的红色革命场景,感受革命先烈的英勇事迹。这种沉浸式的体验方式,不仅让游客更加深入地了解红色历史,还增强了他们的爱国情感和民族自豪感。庐山景区还利用互联网平台,打造了线上红色旅游平台。游客可以通过手机或电脑访问平台,了解庐山的红色旅游资源、历史背景和文化内涵。平台还提供了在线预订、电子讲解、虚拟游览等功能,让游客能够随时随地享受红色旅游的乐趣。

　　庐山景区的智慧化红色旅游线路建设取得了显著成效。游客数量大幅增加,旅游收入稳步增长。同时,智慧旅游的应用也提升了游客的满意度和忠诚度,为庐山景区的可持续发展奠定了坚实基础。庐山景区的智慧化红色旅游线路建设是红色旅游与现代科技深度融合的典范。通过引入高科技手段和创新服务模式,庐山景区不仅提升了红色旅游的品质和内涵,还推动了旅游业的转型升级和高质量发展。未来,随着技术的不断进步和创新应用的不断涌现,庐山景区的智慧化红色旅游线路将更加丰富和多元,为游客提供更加优质、便捷、高效的旅游体验。

第八章 结论与建议

第一节 研究总结

在全球老龄化进程加速的背景下,老年群体的生活需求也在逐步多样化,其中旅游成为老年人追求高质量生活的重要方式之一。然而,传统旅游服务在信息获取、导览服务、交通安排等方面,并未完全满足老年人群体的独特需求。随着智慧旅游的兴起,一种基于物联网、大数据、云计算等现代信息技术的新型旅游模式逐渐涌现。它不仅为游客提供更加便捷和个性化的服务,同时也为提升他们在旅途中的安全感、舒适度和幸福感提供了全新思路。尤其是对于老年人这一特殊群体而言,智慧旅游的普及不仅仅关乎技术的创新,更是社会关怀与包容性的体现。在中国这样一个深度老龄化的社会中,老年人口的不断增加和他们对高质量生活的追求,使得智慧旅游的适老化服务成为一个亟待研究和实践的重要议题。因此,本书希望通过构建智慧旅游适老化服务的理论体系、深入探讨老年人旅游消费行为与需求,并研究多领域的融合路径,来缩小老年人在数字化参与中的差距,提升他们的生活质量和幸福感。以下是对每一个章节的研究总结。

首先,在分析智慧旅游的概念时,本研究指出,智慧旅游并非凭空出现,而是伴随着信息化和智能化的发展逐步形成的。这种模式不仅关注如何在信息时代为游客提供便利,更注重通过数据挖掘和用户行为分析来打造个性化的旅游体验。智慧旅游依赖于物联网、云计算和数据挖掘技术,使得旅游信息得以整合、处理并集中呈现,从而实现了全方位的旅游信息服务。无论是出发前的信息获取,旅途中的路线导航和餐饮推荐,还是旅程结束后的反馈和评价,智慧旅游都为游客带来了更为综合的体验。与此相关的是,智慧旅游极大增强了游客的自主性和互动性,尤其对年轻群体而言。然而,本研究进一步指出,如何让老年人也能够享受智慧旅游的便利,是一个亟待解决的现实问题。

第二章是对老年人旅游市场的现状和需求的分析。本研究认为,健康和安全需求是老年人旅游行为的核心考量。伴随着身体机能的下降,老年人在旅游过程中倾向于选择具备健康保障和紧急救助服务的旅游产品。此外,许多老年人偏好有导游陪同的跟团游,以便在旅途中获得指导和帮助。然而,随着部分老年人数字素养的提高,他们也开始尝试利用旅游平台预订行程。但本研究发现,"数字鸿沟"依然阻碍了许多老年人全面体验智慧旅游的便利。这种鸿沟不仅限制了老年人参与旅游的积极性,也表明智慧旅游适老化服务亟待深入探索,以实现缩小数字鸿沟、提升老年人旅游体验的目标。

　　然后,在适老化智慧旅游的设计上,本研究通过相关的实地调研、深度访谈和案例分析,提出适老化设计应优先考虑老年人的操作便利性,简化界面、减少不必要的复杂操作。为此,智慧旅游平台可以采用语音导航、大字体显示等功能,使老年人更易上手。此外,智慧旅游平台还应结合健康监测功能,例如实时定位和紧急救助,以确保老年人在旅途中的安全。这些技术手段的运用不仅使老年人能够更轻松地获取旅游信息,也在应急情况下提供了强有力的支持。这种设计转变将智慧旅游平台逐渐发展成一个适合老年人使用的友好型数字工具,使他们在享受智慧旅游服务时更加自如且安心。

　　之后,在借鉴国际经验方面,参考了日本和韩国在智慧旅游适老化服务上的成功案例。日韩两国在政府引导下充分考虑老年人的需求,通过制定政策支持智慧城市和智慧旅游服务的发展,营造了一个安全、便捷、个性化的旅游环境。这种政府、企业与社会共同参与的模式,为满足老年人旅游需求提供了宝贵的借鉴,同时也显示出智慧旅游适老化服务的发展并不仅仅是技术上的改进,更是一个系统的、全社会参与的过程。

　　与此同时,本研究以作为中国进入"超级老龄化"阶段的城市之一的上海为例,探讨了上海市在智慧旅游适老化建设方面的现状与问题。本研究认为,上海智慧旅游适老化发展的成功实施需要依赖政策支持、市场激励和社会的多方协作。通过政府引导,企业、社区、养老机构应共同努力,构建适合老年人的智慧旅游服务体系。具体而言,上海的智慧旅游平台设计应注重简便操作、界面友好和功能实用,同时还应与健康管理系统相结合,开发适合老年人的健康旅游产品。再者,智慧旅游平台与文化资源的结合,可以推出符合老年人兴趣的文化旅游活动,从而进一步丰富他们的旅游体验。

　　最后,本研究进一步探讨了智慧旅游适老化服务如何与康养、文化等产业融合,以满足老年人多样化的需求。智慧旅游与康养产业的结合,可以为老年人提供健康旅游项目,例如温泉疗养、森林康养等,有助于他们的身体康复和健康维护;而与文化产业的融合,则可以设计出适合老年人的游学路线,满足他们对精神文化体验的追求。这种产业融合不仅拓展了老年人旅游的选择,也在更大程度上满足了他们对健康、文化和社交的多重需求,使旅游体验不再局限于简单的观光,而是转向了全方位的身心享受。

　　综上所述,本研究认为智慧旅游适老化的发展不仅是应对老龄化社会需求的重要举措,更是提升老年人生活质量的关键途径。通过适老化设计的智慧旅游平台,不仅可以提升老年人的数字技能,帮助他们克服技术障碍,还能够建立老年人旅游兴趣社区,让他们找到志趣相投的旅伴,增加社交互动,减少孤独感。在政府和社会共同推动下,智慧旅游不仅帮助老年人实现了"老有所游"的目标,也在科技创新与人文关怀的交汇中为他们创造了充满温度的旅行体验。智慧旅游适老化服务的推广不仅提升了老年人的生活幸福感,更为建设"银发友好型"社会提供了重要支持。未来,随着适老化智慧旅游服务的发展,老年人的生活质量和幸福感将进一步提高,旅游经济和多产业的融合发展也将形成良性循环,为社会经济的可持续发展作出积极贡献。

第二节　对智慧旅游适老化平台建设的建议

一、优化用户界面设计和操作体验

　　智慧旅游平台在用户界面和操作体验方面的优化,是提升老年用户接受度和操作便捷性的重要环节。界面设计应严格遵循适老化标准,以"简洁、直观"为主要原则。例如,可以参考工信部《互联网应用适老化及无障碍改造专项行动方案》,采用大字体、大图标、大按钮和高对比度文字,确保视力较差的老年用户也能清晰地浏览和操作。此外,设计界面应减少多层级菜单和复杂的页面结构,将核心功能尽可能集中展示在首页,以便老年人快速找到所需的功能。借鉴宁夏旅游"一卡通"的适老化界面设计思路,通过减少繁琐的跳转页面和操作步骤,提供一目了然的选择界面,从而避免老年人因界面复杂而放弃使用。

　　为进一步降低操作难度,智慧旅游平台可以引入语音导航和智能助手。例如,语音导航能够帮助老年用户在游览景点时,通过语音获得位置和路线信息;而智能助手则可以根据用户需求实时推荐景点和提供旅游服务的语音引导。这种多感官支持不仅让老年用户免去频繁查看屏幕的疲劳,也能通过简化交互过程,提高他们的操作舒适度。另外,平台应设置一键呼叫功能,让老年用户在遇到任何问题时能够迅速联系到客服,从而增强其使用过程中的安全感和体验感。

二、实现个性化健康管理与紧急救援功能

为了满足老年用户对健康保障的需求,智慧旅游平台应结合智慧健康管理系统,为老年用户提供实时的健康监测和个性化健康管理服务。借鉴博鳌乐城的智慧健康管理模式,平台可以与可穿戴健康设备合作,实时采集用户的健康数据,如血压、心率、血氧饱和度等信息。这些数据将同步至平台的健康管理系统,进行持续的健康状态监控。当健康数据异常时,系统可触发紧急提醒,建议老年用户休息或寻求帮助。特别是在高强度旅游活动前,系统可以根据实时健康状况给予风险提示,帮助用户合理调整行程。

此外,平台应与周边的医疗机构和救援中心建立联动机制,一旦用户出现健康危机,可以快速通知医疗团队提供帮助。平台还可提供健康档案的创建和管理功能,根据老年用户的健康状况提供个性化的健康旅游项目建议,如温泉疗养、森林步道等休闲活动,确保老年用户的活动安全性与舒适性。这类基于健康数据的个性化服务,不仅增强了老年人出行的安全感,也显著提升了他们在旅游过程中的幸福感。

三、建立老年人专属的社交社区与兴趣小组

旅游对于老年人而言,不仅是体验新景的方式,也是一种社交互动的机会。因此,智慧旅游平台应建立专属的社交社区,满足老年用户在旅游过程中的互动需求。在此基础上,可以参考韩国的"共游共享"模式,鼓励老年用户在平台上分享旅游体验、交流心得和发布照片,形成积极活跃的老年旅游社群。这种互动形式能够显著增强老年用户在旅游中的参与感,并帮助他们拓展社交圈,缓解孤独感。

具体来说,平台可以创建不同主题的兴趣小组,例如文化旅游小组、健康养生小组等,供老年用户加入。此外,平台还可以根据用户的旅游记录和兴趣,为他们推荐志趣相投的旅伴,形成小型旅游团,让他们在同行者的陪伴下享受旅程。例如,豫园在智慧旅游的适老化过程中,若能增设互动和分享模块,将显著提升老年用户在景区内的社交体验。通过此类改进,平台可以实现虚拟社交与实际旅游的融合,帮助老年人以多元方式丰富旅行体验。

四、加强数据安全与隐私保护

老年用户对个人信息安全尤为敏感,且防范意识相对较弱,因此,智慧旅游

平台必须在数据保护方面提供更高的安全保障。平台应采取严格的数据加密技术,保护用户的位置信息、旅行偏好等敏感数据,避免其被未经授权的第三方访问或滥用。例如,许多平台在未获得明确授权的情况下将用户信息共享给第三方广告商,导致老年用户对平台的信任感下降。为避免这种情况,平台需在信息收集和使用过程中设立透明的授权流程,确保用户对数据的控制权。

在实际操作中,平台可以为老年用户提供简洁明了的安全提示和风险提醒模块,尤其在涉及支付环节时,平台应通过多重身份验证和安全提醒帮助老年用户提高警惕。此外,为了增强老年人的网络安全意识,平台还应定期推送简易易懂的安全教育信息,帮助用户识别网络诈骗的常见形式,避免他们遭受不法分子的侵害。这种在数据安全和防范教育上的强化,将极大减少老年用户在使用平台时的顾虑,增强其使用信心。

五、构建无缝连接的智慧旅游生态系统

构建一个涵盖旅游、健康、交通、餐饮、住宿等多方面服务的智慧生态系统,有助于为老年用户提供一站式的旅游服务体验。智慧旅游平台应打破信息孤岛,与各类服务提供商实现资源整合,使老年人能够通过平台完成预订、查询和导航等各类操作,获得全面的旅游服务支持。例如,海南乐城的康养服务系统整合了景区导览、健康咨询、医疗预约等功能,游客可以在平台上直接查看康养设施的排队情况和服务项目安排。

具体而言,平台可以提供交通工具的实时信息,结合老年用户的行程安排,推荐适合的出行方式;在住宿方面,平台可以整合周边的适老化住宿资源,并提供入住前健康数据的记录和报告服务。对于用餐和休闲娱乐,平台可以根据用户的健康状况和饮食需求推荐符合要求的餐饮和娱乐设施。这种无缝对接的智慧旅游生态系统不仅减少了老年用户的操作负担,还能提升他们的整体出行体验。

附　录

访 谈 问 卷

智慧旅游背景下关于老年人旅游需求的深度访谈问卷

一、基本信息

1. 您的年龄：_____

　　性别：男/女

2. 居住城市：_____

3. 目前的职业或退休情况：

　　已退休　　　　仍在工作中　　　　其他（请注明）：_____

二、旅游行为与需求

1. 您平时喜欢旅游吗？为什么？

请分享一下您旅游的频率和原因，比如是否是为了放松、了解新文化、增加社交等。

2. 在选择旅游目的地时，您最看重的因素是什么？

比如，气候、环境、医疗设施、文化体验等，哪些对您来说最重要？您可以举例说明。

3. 您通常选择什么样的旅游方式？

比如：跟团游、自助游、半自助游等。您更倾向于选择哪种方式，为什么？

4. 您的旅游频率如何？通常去哪些地方旅游？

您每年旅游多少次？通常选择短途旅行还是长途旅行？可以举例您去过的一些地方。

5. 您认为老年人在旅行中最需要关注哪些健康和安全问题？

比如，健康状况、医疗保障、交通安全、旅游景点的无障碍设施等，您认为这些对老年游客的重要性如何？

6. 您曾遇到过哪些旅游中的困难或挑战？

比如，身体不适、语言障碍、导航不清晰等。您是如何克服这些困难的？如果有过困难，您希望旅行服务商提供哪些支持？

三、智慧旅游服务体验

1. 您是否使用过智慧旅游相关的数字化服务（如 APP、在线预订、电子票务等）？

您使用这些数字服务时有什么感受？是方便还是存在困难？请分享您的体验。

2. 在使用旅游 APP 或网站时，您遇到过哪些困难或障碍？

例如操作复杂、界面设计不友好、信息显示不清楚等问题。您是如何应对这些问题的？是否有帮助的建议？

3. 您对智慧旅游服务的哪些方面感到不满意？

比如，您觉得这些服务的设计是否适合老年人？是否存在操作复杂、字体过小、按钮过多等不适合老年用户的地方？

4. 如果您在使用旅游服务时遇到问题（如支付、预订、导航等），您通常寻求什么帮助？

是联系客服，还是依赖家人、朋友帮助？您认为旅游平台是否需要改进在老年人使用过程中提供的支持？

5. 您如何看待智慧旅游服务中涉及的数字隐私和安全问题？

您是否担心个人信息的泄露或网络诈骗？您希望旅游平台采取哪些措施来保障您的信息安全？

6. 在您看来，智慧旅游服务应如何改进以更好地适应老年人群体的需求？

比如界面设计、操作简便性、语音助手、信息透明度等方面。请提出您的建议和期待。

四、老年人对旅游服务的个性化需求

1. 您对旅游中的餐饮、住宿和交通有哪些个性化的需求或偏好？

比如饮食方面，您有特殊的健康饮食要求吗？住宿时是否偏好无障碍设施或舒适的环境？交通工具方面您有什么选择偏好？

2. 您是否对旅游中的文化体验有特别的需求？

比如参观博物馆、历史遗迹，或参与当地的传统活动等。您希望旅游提供哪些文化类活动来丰富您的体验?

3. 对于老年人而言,您认为旅游产品应如何改进以满足您和其他老年人的需求?

比如更长的停留时间、更适合老年人身体条件的行程安排、定制化的旅行计划等,您有哪些具体建议?

五、数字技能与技术适应性

1. 您如何评价自己在使用智能设备(如智能手机、平板、电脑等)方面的能力?

您是否能够独立使用这些设备来查询旅游信息、预订酒店和机票等? 您会遇到哪些困难? 您是否曾因操作不当放弃某些操作?

2. 您是否接受并习惯使用语音助手或语音导航等技术帮助?

比如在旅游中使用语音助手导航、语音识别等技术。您是否觉得这些技术有用,或者有哪些改善的地方?

3. 您希望智慧旅游服务平台在哪些方面提供更多的技术支持或教育帮助?

比如是否希望平台提供操作教程、面对面的培训、线上帮助等,帮助您更好地适应这些新技术?

六、总结与展望

1. 您对未来老年人旅游市场的发展有什么期待?

对于智慧旅游服务、老年人健康旅游、定制化旅游产品等方面,您有什么建议或期待?

2. 总结一下,您认为老年人在旅行中最需要的是什么?

在您看来,老年人在旅行中最看重的是健康、安全、舒适,还是其他因素? 您认为如何能更好地提升老年人的旅游体验?

参考文献

［1］丁迪,李姝凝,刘容容,等.老年人旅游安全的影响因素研究［J］.价值工程,2020(24)：60－63.

［2］范振辉.老年人旅游服务个性化推荐［D］.杭州：浙江大学,2020.

［3］何兰青.城市老年人旅游制约对出游意愿的影响研究［D］.重庆：重庆工商大学,2023.

［4］刘维林,钟栎娜.健康老龄化视角下老年人旅游研究趋势与展望［J］.旅游学刊,2022,37(03)：8－10.

［5］涂文文.老年人旅游幸福感影响因素研究［D］.南昌：南昌大学,2023.

［6］妥艳娼,杨缘,赵菁珂.积极老龄化视域下适老化数字旅游产品开发研究——基于 A 公司"长者模式"产品的案例［A］中国旅游研究院.2023 中国旅游科学年会论文集(上)［C］.天津：南开大学旅游与服务学院,2023.

［7］王樊,王艺.数字鸿沟影响区域旅游经济均衡发展的机理及对策［J］.社会科学家,2023(6)：35－40.

［8］赵腾泽,张崇峰,王思超.破解数字鸿沟温暖老年游客［N］.中国旅游报,2022－12－30(001).

［9］张苗荧.文化和旅游行业要在"智慧助老"上下工夫［N］.中国旅游报,2021－01－07(003)

［10］张琴.关于中国老年旅游市场营销方法的探讨［J］.现代营销(经营版),2020(12)：18－21.

［11］Hashem I A T, et al. The role of big data in smart city. International Journal of Information Management，2016，36(5)：748－758.

［12］Junglas I A，Watson R T. Location-based services. Communications of the ACM，2008，51(3)：65－69.

［13］Rao B，Minakakis L. Evolution of mobile location-based services. Communications of the ACM，2003，46(12)：61－65.

［14］Stamboulis Y，Skayannis P. Innovation strategies and technology for experience-based tourism. Tourism Management，2003，24(1)：35－43.

索　引